周恩来在巴黎

［日］小仓和夫 ——— 著

王冬 ——— 译

九州出版社

JIUZHOUPRESS

图书在版编目（CIP）数据

周恩来在巴黎 / （日）小仓和夫著；王冬译. -- 北
京：九州出版社，2022.5
ISBN 978-7-5225-0907-5

Ⅰ. ①周… Ⅱ. ①小… ②王… Ⅲ. ①周恩来
（1898-1976）一生平事迹 Ⅳ. ①K827=7

中国版本图书馆CIP数据核字(2022)第070146号

周恩来在巴黎

作　　者	（日）小仓和夫　著　王冬　译
出版发行	九州出版社
责任编辑	张皖莉　张艳玲
地　　址	北京市西城区阜外大街甲 35 号（100037）
发行电话	（010）68992190/3/5/6
网　　址	www.jiuzhoupress.com
电子信箱	jiuzhou@jiuzhoupress.com
印　　刷	三河市兴博印务有限公司
开　　本	880 毫米 ×1230 毫米　32 开
印　　张	9
字　　数	158 千字
版　　次	2022 年 9 月第 1 版
印　　次	2022 年 9 月第 1 次印刷
书　　号	ISBN 978-7-5225-0907-5
定　　价	78.00 元

目　录

引言

来自乡下的青年弗雷德里克偷偷恋上了阿尔娜夫人，因为在他的眼里，这位阿尔娜夫人怎么看怎么像浪漫书刊里描绘的女人。

一方是来到大城市攻读法律的十八岁青年，一方是画商的太太而且还有一个年幼的儿子。于是，小说《情感教育》以他们二人的恋爱经历为经线，以19世纪40年代的法国的社会变革为纬线，为我们展开了一幅法国的历史画卷。

1985年前后，我在巴黎大约住了三年半，当时我突发奇想，试图在巴黎的大街小巷里，寻找那些以这座古老城市为舞台的小说里的主人公，了解他们的日常生活和人生轨迹。于是，福楼拜的名著《情感教育》便成了我的首选。

这部小说的重头戏无疑是弗雷德里克与阿尔娜夫人幽会的情节。1848年2月，从弗雷德里克第一次见到阿尔娜夫人时算起，这已经是第八个年头，他终于从阿尔娜夫人那里得到了约会的应允。幽会地点是巴黎市中心，从玛德莱娜广场往北不足百米的"托伦舒大道与拉菲尔大道的街角"。

弗雷德里克在街上等候夫人的到来。约定的时间是下午两点到三点之间。三点、四点、五点，直到六点——街上的瓦斯灯都亮了，可阿尔娜夫人还没出现。

今天，如果你到这部小说里指定的"托伦舒大道与拉菲尔大道的街角"看看，那里是因经典风衣而出名的BURBERRY时装店，浪漫的气息早已荡然无存。我觉得选在这种地方幽会，注定是不会成功的。

二人没能如愿以偿，小说里给出的原因是阿尔娜夫人的儿子突然发烧。然而不容忽视的是，小说将二人约会的日子设计在整个巴黎被卷入二月革命的骚乱时刻。假如儿子没有生病，阿尔娜夫人还会走上因二月革命的起义而一片混乱的巴黎街头吗？答案是否定的。

说起来，弗雷德里克和阿尔娜夫人的恋情与汹涌澎湃的法国社会改革运动息息相关，而且是在二月革命的风口浪尖上。恋爱的高潮也是革命的高潮，恋爱的挫折又与革命的挫折同病相怜。

恋爱遭遇挫折以后，弗雷德里克彷徨在巴黎街头，在靠近意大利广场的地方被当局误认为革命青年抓进了警察局。

"该警察局位于戈布兰大街、奥皮塔勒大道、戈德弗鲁瓦大街和姆弗塔尔大街等数条街道汇集的圆形广场。"于是我踏着弗雷德里克的足迹，从意大利广场拐进戈德弗鲁瓦大街看了看。这条街宽约十米，又脏又乱。

马路右侧有一座灰白色的三层小楼，正门墙壁上写的是"戈德弗鲁瓦旅馆"。窗框和墙皮破旧不堪，一看就是一家档次不高的廉价旅馆。我上下打量着这座瘦高的建筑，发现墙上似乎伸手可触的高处有一方牌匾，圆形的青铜板上镶嵌着一幅侧面浮雕头像，是一位风华正茂的东亚青年。纪念牌的下方还有一段文字：

周恩来（1898—1976），1922—1924 年在法国期间曾居住此地

正是这里——戈德弗鲁瓦大街 17 号的戈德弗鲁瓦旅馆，已故周恩来总理年轻时留学法国的住所。

和《情感教育》里的主人公弗雷德里克一样，周恩来也是在二十来岁时第一次到的巴黎。弗雷德里克在巴黎经历了二月革命的暴风骤雨，周恩来也同样在这里经历了第一次世界大战后欧洲大地风雷激荡的社会主义革命。

还有一段恋情……

我探头朝旅馆里脏兮兮的前台看去，里面有个人正在看报，头发偏红，体格健壮，穿着半袖衫。他身后的那面

戈德弗鲁瓦旅馆外墙上的周恩来浮雕纪念碑

20 世纪 90 年代的戈德弗鲁瓦旅馆外景

墙上挂着一幅东方风格的巨画，这幅绘有松鹤的水墨画，与这里的环境氛围很不协调。毕竟这个小旅馆在历史上与周恩来有关，现在仍有中国人进出。想到这儿，我又把这幅画重新端详了一番，发现左下角有一行黑字："一九八〇年全国人大常委会副委员长邓颖超。"

前台的那个人淡淡地说，这幅画是前几年中国的一位大人物到这里参观时送给他的。他似乎全然不知，送他这幅画的人肯定是一生忠贞不渝的周恩来夫人邓颖超。

事实上，巴黎也是周恩来与邓颖超从恋爱到结婚的"媒人"。

于是，客居巴黎的周恩来与我的一场"邂逅"，就这么开始了……

第一章　留学法国

光明与黑暗

　　那是一个美好的时代，那是一个糟糕的时代。那是一个智慧的年月，那是一个愚昧的年月。那是一个诚信的时期，那是一个失信的时期。那是一个光明的季节，那是一个黑暗的季节。那是一个希望的春天，那是一个绝望的冬天。①

　　这是狄更斯以法国革命为题材创作的小说《双城记》的开篇名言。大革命前夜的法国正处于黑暗与光明交替出现的混乱状态。

　　1919 年的中国也在光明与黑暗、希望与绝望的十字路口徘徊。说其光明，那是因为孙文领导的革命推翻了清朝的封建统治。说其黑暗，那是因为这个国家的政治权力实际掌握在反动军阀的手里，黑暗仍然笼罩着中国大地。不仅是国内，中国所面临的国际形势也同样是忽明忽暗，扑朔迷离。第一次世界大战的爆发削弱了欧洲对中国的殖民

---

① ［英］查尔斯·狄更斯：《双城记》（上），中野好夫日译，东京：新潮社，第 11 页。

孙中山（1866—1925）

统治，民族独立迎来了前所未有的机遇。然而与此同时，日本强加给中国的"二十一条"等新的殖民条款又给中国的未来蒙上了一层阴影。

在黑暗与光明的重叠里，中华民族开始觉醒，中国社会在风雨中飘摇。愚昧无知的"大约只是觉得苦，却又形容不出，沉默了片时，便拿起烟管来默默的吸烟"①的劳苦大众，模模糊糊却也渐渐意识到自己正在受人剥削，被人宰割，而且还身不由己地成为这个剥削制度的帮凶。

---

① 鲁迅：《鲁迅文集》（1），竹内好日译，东京：筑摩书房，第99页。

鲁迅（1881—1936）

　　四千年来时时吃人的地方，今天才明白，我也在其中混了多年；大哥正管着家务，妹子恰恰死了，他未必不在饭菜里，暗暗给我们吃。

　　我未必无意之中，不吃了我妹子的几片肉，现在也轮到我自己，……有了四千年吃人履历的我，当初虽然不知道，现在明白，难见真的人！①

---

① 鲁迅:《鲁迅文集》(1)，竹内好日译，东京：筑摩书房，第35页。

陈独秀（1879—1942）

　　这是鲁迅的名篇《狂人日记》的结尾。当时在中国各地，随着普罗大众的日益觉醒，新思想的浪潮滚滚而来，汹涌澎湃。

　　新思想浪潮的标志之一是《新青年》杂志的编辑出版。上海的思想家、革命家、后来任北京大学文科学长的陈独秀，在《新青年》上撰文批判中国的传统思想。陈独秀呼吁："欲建设西洋式之新国家，组织西洋式之新社会，以求适合今世之生存，则根本问题，不可不首先输入西洋式国家之基础，所谓平等人权之新信仰。"[①]

---

① ［日］姬田光义等：《中国近现代史》（上），东京：东京大学出版会，第259—260页。

李大钊（1889—1927）

　　当时，《新青年》对中国青年的影响最为强烈。巴金在他的代表作《家》里生动描述了四川成都的名门望族——高家人，在 1919 年五四运动前后社会激烈动荡的时期是如何生活的。书中的女主人公琴在《新青年》上发现了易卜生剧作《玩偶之家》的一节"娜拉"，激动不已，[1] 同时爱上了琴的高家兄弟也是《新青年》的"粉丝"。

　　他在本城唯一出售新书报的华洋书报流通处里买了一本

---

① 巴金：《家》（上），饭塚朗日译，东京：岩波书店，第 40 页。

最近出版的《新青年》，又买了两三份《每周评论》。这些刊物里面的一个一个的字像火星一样地点燃了他们弟兄的热情。①

文学家胡适虽然不像聚集在《新青年》周围的人们那样渴望革新，却也在批判封建思想，积极倡导个性的张扬，促进自由思想的形成，并且翻译了易卜生的剧本。

他们当中还有一位最早主张马克思主义思想的人，这个人就是与陈独秀一起应聘到北京大学任教的李大钊。他认为第一次世界大战的作用并非民主主义国家对专制主义国家的一场胜利，而是受压迫民族的阶级胜利，这种现象在俄国布尔什维克革命中表现得尤为明显。

新思想浪潮并没有停留在思想运动上，很快便发展为一场社会变革运动以及以变革为目的的社团活动。

在这个时期的中国，推动这场社会运动和政治运动的主要力量是青年学生。另外，最具讽刺意味的是，参与组织这场声势浩大的学生运动的核心人物居然是留日学生。他们从日本回国后以拯救祖国为己任，抵制日本对华提出的"二十一条"。北京成立了以留日学生为主体的"学生救国会"，其势头迅速蔓延到全国，各地纷纷出现了"少年中国学会""新潮社"等青年团体，在"少年中国学会"

---

① 巴金:《家》（上），饭塚朗日译，东京：岩波书店，第51页。

1919 年，毛泽东在长沙

的成员里就有湖南省立第一师范学校的教师毛泽东。

当时刚满二十岁的周恩来在天津目睹了黑暗与光明鱼龙混杂、社会时局动荡不安的中国。

周恩来在结束了两年的日本留学生活之后，重新回到留日前就读的天津南开学校。他利用秋季开学之前的这段时间，以南开校友的身份①主持了编辑、印刷及发行《天

---

① 当时已是南开大学的"学生"一说有误，因为该大学当时尚未成立（见中共中央文献研究室编《周恩来传》第 50 页）。

1915 年 9 月，陈独秀在上海创办《青年杂志》。一年后，《青年杂志》更名为《新青年》，主要撰稿人有陈独秀、李大钊、鲁迅、胡适、钱玄同等

津学生联合会报》的具体工作。《联合会报》创刊时，周恩来在 7 月 12 日的天津《南开日刊》上发文阐述了创刊宗旨。他在文中强调指出，目前中国迫切需要的是"革心！革新！"。

革新，意在改革社会。
革心，意在改革学生之心，即改革思想。[①]

周恩来在《联合会报》上连续发表文章为学生运动站脚助威，其中最有名的是他在 8 月 6 日发表的那篇《黑暗势力》。在这篇文章里，周恩来主要抨击了当时势力最大的军阀——安福系，他认为黑暗势力正在凶猛扑来并且大声疾呼："国民啊！国民啊！黑暗势力'排山倒海'的来了！……国民自觉！国民自觉！现在就是时候了！"[②] 而且，为了促使国民的觉醒更加普遍，觉悟得更加彻底，周恩来还号召人们站起来"罢工！罢市！罢课！"[③]

这篇文章明确体现出周恩来既重视理论又重视实践的思想。不久，一些志同道合的人在他这种务实精神的感召下团结起来，形势发展到了有组织地开展斗争的阶段。

---

① 中共中央文献研究室编《周恩来传》,北京:中央文献出版社,第 40—41 页。
②《天津学生联合会报》,1919 年 8 月 6 日。
③《天津学生联合会报》,1919 年 8 月 9 日。

1917 年夏，周恩来从南开学校毕业时留影

天津的学生组织本来有两个，一个是由南开学校等男校成立的"天津学生联合会"，另一个是由女子师范学校的女生发起的"女界爱国同志会"。早在他们共同参加上京请愿活动时，这两个志同道合的组织便迅速靠拢，开始并肩行动。

当时的中国，封建思想根深蒂固，男女尚不能在公开场合一起活动。

我们四川社会里卫道的人太多了。他们的势力还很大……男女同校，他们一辈子连做梦都不曾梦到！ ①

巴金小说《家》里的高家三儿子觉慧在警告自己的表妹——那个主张男女同校的女生时就是这么说的。在封建思想如此严重的中国社会里，男生和女生合并为一个组织，其本身就是"革心与革新"精神的具体体现。

属于男生的天津学生联合会，其核心人物正是周恩来。而女生们的女界爱国同志会里有一位能言善辩的十五岁少女，名叫邓文淑，她就是后来成为周恩来夫人的邓颖超女士。如此说来，正是"革心与革新"精神让男生和女生走到一起，而且又让男生周恩来和女生邓文淑在后来结为

---

① 巴金:《家》(上)，饭塚朗日译，东京：岩波书店，第15页。

1916 年，邓颖超（邓文淑）
在天津直隶第一女子师范学校

伉俪。

他们新成立的社团名叫觉悟社，成立时间为 1919 年 9 月 16 日。

那么，是什么力量把刚二十出头的青年周恩来推上政治运动舞台的呢？自幼离"家"的周恩来对崇拜祖先之类的传统思想始终持有批判态度，按照现在的年龄标准衡量，无异于让今天的高中生撰文批判儒家、基督教和佛教等思

觉悟社部分成员合影。后排右一为周恩来，前排右三为邓颖超

想，甚至断定这些所谓的教诲都是不切合实际的东西。[①]
正是这个离"家"出走的人，一针见血地戳穿了儒教作为
家庭精神支柱的传统观念。

但是，周恩来作为革命家的胆略和气魄，源于他大胆
地将传统的歪理邪说理解为阶级的产物。

据说在1919年夏天接待日本学生代表团的时候，周
恩来曾经这么说过："中国与日本之所谓上流阶层与贵族阶

---

① 刘健清：《周恩来同志"五四"前的科学与民主思想》，载刘焱、米镇波编《周
  恩来研究文选》，天津：南开大学出版社，第34页。

级，皆已腐败堕落，唯我青年阶层尚存救国之诚意。"①

　　但是，与离"家"出走的个人背景相比，更能促使周恩来挺身而出的是时代的潮流。光明与黑暗交相混杂的中国正处于清政府垮台之后前途未卜的激流当中。周恩来用政治眼光观察，从政治角度把握，并且以远大的政治抱负决心投入到斗争中去。周恩来原本就是一个很有政治头脑的人，这一点充分体现在他1916年为南开学校校刊《校风》撰写的《中国现时之危机》这篇著名文章里。年仅十八岁的周恩来感叹中国教育停滞不前，他指出："总上原因，何一非因政治之不良，有以致百事之停滞。"强调了政治责任的无比重要。从早年就开始着眼于政治、着眼于社会的周恩来，不愧为一位社会活动家和政坛新星。

　　周恩来不仅把满腔热情倾注在国内，他还时时关注世界形势的变化。他经常活跃在天津的法国租界里，有过日本留学的经历。在这个大千世界里，周恩来的祖国正在经受列强的践踏、欺辱和折磨。面对现实，中国的知识分子怒不可遏，挺身而出，从同命相连的世界各地民众奋起抗争的事例中汲取力量。事实上，在激流中奋进的中国也与风起云涌的世界同呼吸，共命运，遥相呼应。当朝鲜半岛

---

① 廖永武：《周恩来同志与〈天津学生联合会报〉》，载刘焱、米镇波编《周恩来研究文选》，天津：南开大学出版社，第60页。

南开学校旧址

发生"三一"独立运动，印度开展的民众运动遍及了全国，而日本也同样掀起了"米骚动"的风潮，人们要求稳定政党政治的呼声越来越高。正因为如此，周恩来在天津学生联合会成立宣言中特别提到了世界形势的变化。[①]周恩来的满腔热血已经沸腾，他认识到中国反封建运动应该成为世界民众运动的一部分，主动加入到世界民众的斗争行列中去，让这场斗争的声势更加高涨，更加强大，是中国青年迈向明天的历史使命。

　　正是这一腔热血和责无旁贷的使命感，赋予了周恩来不屈不挠的斗争精神。在现实生活中，他用自己的使命感

①《南开日刊》，1919年7月12日。

1919年，周恩来在南开大学的入学照。最后一排左一是周恩来

和全部精力帮助逆来顺受的中国人实现自我变革。周恩来组织的社团叫作"觉悟社"，这个名字本身除了意味着每个成员意志坚定，更表明了唤醒中国大众的必要性。汉语里的"觉悟"这个词，在日语里含有"觉醒"的意思，在这里只能解释为自我觉悟以至觉醒。

周恩来是"觉悟分子"，即是一个已经觉醒了的人，一个有了觉悟的人。已经觉醒的人应当奋不顾身地拯救人类，拯救国家。当时，摆在周恩来面前的有两条道路，一条是成为理论家、思想家，另一条是成为社会活动家、组织者。

无论从哪个角度比较，周恩来的行为都属于后者。他负责编辑的《天津学生联合会报》锋芒毕露，口诛笔伐，但是他的真正才华却体现在他的组织能力上，表现在他的实践活动中。周恩来在《天津学生联合会报》上发表的文章也证明了这一点，号召人们积极行动起来的语气非常强烈。在周恩来看来，所谓思想，不外乎是激发人们行动起来的力量源泉。

其实，擅长组织工作的周恩来在南开学校就读期间，曾在多个团体里兼任过不少职务，比如学生报《校风》的总经理、讲演会副会长、国文学会干事、江浙同窗会会长、话剧团舞美部部长、暑期度假服务会干事长等。只是周恩来办事有他自己的独到之处，他在这些组织里所发挥的作用是把大家召集到一起，而不是那种颐指气使的所谓领导。

1920 年 1 月 29 日，周恩来被捕前留影

据说当时在觉悟社里也没有设主席、主任之类的领导职务。每当开会的时候，周恩来总是事实上的主席，可他从来不摆架子。所以有人甚至说，后来集政治家之大成的周恩来，在这个时候已经崭露头角了。[①]

总而言之，在当时的社会环境下，在青年周恩来的头脑里，对组织工作和实践活动的渴望略微先于思想形成的倾向比较明显。说到周恩来的思想，从常态来看，二十岁左右的年轻人思想还没有完全定型。

与邓颖超同为觉悟社主要成员的刘清扬，在回忆当时的情景时这样说道：

那时我们都很幼稚，只有满腔的爱国热情，还没有一定的信仰。社会主义、无政府主义、基尔特社会主义，等等，什么都谈论。共产主义是什么，我们都不懂得。[②]

在这种状态下，周恩来的满腔热情终于燃起熊熊火焰，其直接原因莫过于当局对学生运动的镇压和他本人被捕入狱的经历。

---

① 魏宏运：《觉悟社的光辉》，载刘焱、米镇波编《周恩来研究文选》，天津：南开大学出版社，第 77 页。
② 刘清扬：《觉醒了的天津人民》，载《五四运动回忆录》（下），北京：中国社会科学出版社，第 553 页。

1919 年 8 月 3 日，天津的警察当局勒令《天津学生联合会报》休刊。8 月底，警方又数次搜查报社，终于在 9 月底到 10 月初下达了永久停刊的处罚。[1]

新年过后的 1920 年 1 月天津发生了一件大事。这一天，周恩来他们顶风冒雪，到河北省政府门前游行请愿，反对《凡尔赛和约》。游行活动中，周恩来作为学生代表要求与河北省高官直接见面。学生们在政府办公楼的门前受阻，与官方宪兵对峙。在双方僵持不下的时候，周恩来带着几个学生代表试图从门下方的空当里钻进去，此举导致学生与警方发生正面冲突。事态进一步恶化，包括周恩来在内的二十几名学生遭警察逮捕。

接下来便是坐牢。周恩来和同志们在狱中度过的每一天，都详细记录在周恩来笔下的宝贵资料《警厅拘留记》里。

周恩来在狱中开展绝食斗争，组织学习活动，居然还演过话剧。狱中的共同生活加深了同志间的友谊，同时也促使周恩来的思想和行动准则得到升华。

顺便介绍一下周恩来在狱中演出的话剧。据说有一部叫《救国的镜子》，讲述的是越南人反抗法国殖民主义压

---

① 廖永武：《周恩来同志与〈天津学生联合会报〉》，载刘焱、米镇波编《周恩来研究文选》，天津：南开大学出版社，第 62—63 页。

1920 年 7 月 17 日，出狱后全体被捕代表合影。第四排右二为周恩来

迫的故事；另一部是以万恶的地主残害百姓为题材的《新村正》。①

　　说起周恩来留下的《警厅拘留记》，还有一个耐人寻味的插曲与这本宝贵的手记命运有关。从国内战争到中日战争期间，手记的原稿始终在各家书店之间辗转。第二次世界大战后，手记被北京有名的古董一条街——琉璃厂的效贤阁书店收购，交给共产党政府，经周恩来本人鉴定为真迹。但是，据说周恩来并不赞成回购和保存这本手记，尤其不愿意公开展览。其主要原因是周恩来认为凡是与革命历史

---

① 中国历史博物馆编《纪念周恩来总理——文物选编》，林芳日译，东方堂，第 15 页。

周恩来获释后留影

有关的展品，都应当突出宣传毛泽东主席的丰功伟绩。①

　　如果从周恩来本人的性格分析，应该确有其事。周恩来对于介绍自己思想、宣传自己功绩的做法一向慎之又慎。在思想斗争和权力斗争的历史长河中历经磨炼的周恩来，向来反感别人在公开场合对自己的历史品头论足，可以说周恩来生前写过的文章，几乎没有大张旗鼓地公开发表过。

　　再回到刚才的话题上，周恩来参加革命活动的背景是

---

① 中国历史博物馆编《纪念周恩来总理——文物选编》，林芳日译，东方堂，第15页。

贫穷，贫穷的经历能够与遭到镇压被捕入狱相提并论。那么，周恩来从日本留学归来，以南开学校校友的身份从事各种活动时，他的生活费是怎么解决的呢？

周恩来的家庭并没有富裕到能够为他支付学费的程度，周家的亲戚里也没有响当当的靠山。即便是周恩来暂时投奔的天津姑母，也是靠在沈阳的丈夫赚钱维持生活（编注：此处有误，应为四伯父，带着周恩来辗转铁岭、奉天、天津，并供周恩来读书。）[1]，手头并不宽裕。据说周恩来在南开学校负责分发校报，其理由之一就是因为这份工作可以给他带来一些收入。[2]

在中共干部的履历中，阶级出身属于政治问题。因此，有人动辄就会编出一套"穷困潦倒的青年时代"的神话。其实，这种现象不仅限于中共干部，世界各国都如此，但凡伟人传记，里面都有这方面的浪漫色彩，比如从穷苦的普通家庭里跑出来，最终走上了一条飞黄腾达的道路，等等，借以衬托伟人年轻时奋斗的艰辛。然而，即使把这些史诗般的水分全部挤掉，周恩来青年时代一贫如洗的事实也是不容否定的。

据中共中央文献研究室编辑的《周恩来传》记载，当

---

[1] 苏叔阳：《大地的儿子——周恩来的故事》，竹内实日译，东京：SAIMARU 出版会，第 26 页。

[2] ［英］迪克·威尔逊：《周恩来传》，第 46 页。

1920 年 8 月 16 日，觉悟社在北京陶然亭召开茶话会，邀请北京少年中国学会等四个团体的代表共二十多人，商讨今后救国运动的方向问题。照片近镜头处为周恩来，对面女代表为邓颖超

时，周恩来总是穿着一件白色上衣、一双旧皮鞋，而且养成了"经常以步代车，既节约又锻炼身体"的好习惯。[1]另据《回忆学生时代的周恩来》这篇文章讲述[2]，周恩来上学时"吃的是一小份酱油炒菜，衣服也没有几件"。从周恩来当时写给朋友的信里也能发现这方面的内容，他"每日自作饮食、持废止朝食、不食荤食两主义。每烹

---

[1] 中共中央文献研究室编《周恩来传》，北京：中央文献出版社，第 50 页。
[2] 张鸿诰文，参考《周恩来研究文选》第 29 页的注。

1920 年 9 月，周恩来在天津留影

豆腐，顿忆兄矣”。[1]

　　于是，周恩来年轻时的身影从相关的大量资料中渐渐浮现出来。简而言之，他给人的印象是一个"苦行僧"！周恩来衣着简朴，粗茶淡饭，住在校报印刷所旁边的小屋里，下午的四五点钟开始工作，连编辑带印刷，一直干到半夜一两点。[2]

　　显然，周恩来的出身并非贫困阶级，本人也没有像农

① 1918 年 4 月 8 日，周恩来写给住在美国朋友的信，参考《周恩来研究文选》第 30 页的注。
② 廖永武：《周恩来同志与〈天津学生联合会报〉》，载《周恩来研究文选》，第 62 页。

民或工人那样长年从事体力劳动。但是，身为知识分子又有过留学经历的周恩来之所以甘愿清贫，毫无升官发财的欲望，是因为他懂得什么是贫困，没有把造成贫困的根源归咎于个人，周恩来苦苦追求的是理想的社会结构和政治制度。

周恩来为什么做到了？为什么能有如此之高的觉悟？其原因当然不仅在于他的清贫。说起来也许令人失望，其理由恰恰在于周恩来并非一个聪明绝顶的秀才，而聪明人往往是聪明反被聪明误，最后被历史潮流淘汰。周恩来本来就不属于这种类型的聪明人。

查遍现有的各种史料，周恩来不是一个成绩优秀的高材生，也没有人认为他出类拔萃。如果仔细参观坐落在南开大学里的周恩来纪念馆，也可以得出这个结论。从《校风》上登载的周恩来上学期间的成绩单来看，除了个别科目成绩优秀，他绝不是班里的"学霸"，也没见过他名列榜首。另有一种说法是，当年周恩来准备报考的是精英学校——清华学校（清华大学的前身），但是没有考上。[1] 还有部分资料显示，由于周恩来频繁参加社会活动，以至于影响到了他的学习成绩。[2]

---

[1] 许芥昱：《当代最杰出的政治及外交家：周恩来传》，高山林太郎日译，东京：刀江书院，第17页。

[2] 刘焱：《青年周恩来的成长及其教训》，载《周恩来研究文选》，第22页。

然而，周恩来是不是秀才并不重要，重要的是他没有某些秀才身上常见的自恃清高以及蔑视大众的坏习气。周恩来的优点在于他很早就相信民众的力量。① 时值中国知识分子崛起，大众觉悟也随之提高，尽管他们的行动有些迟缓。

正是因为如此，以无情揭露劳苦大众饱受虐待而无处申冤的社会阴暗面而著称的鲁迅，又用同一支笔记录下了这一线希望的曙光。鲁迅在小说中用象征手法这样描写道：一位母亲不惜重金买来"人血馒头"给患有肺病的儿子吃，而馒头上蘸的是因为参加革命运动而被处以极刑的青年的鲜血。结果，母亲的这片苦心却是徒劳的，她的儿子还是死了。在一个用黄土堆积的坟头上，这位母亲恍恍惚惚看到了一圈美丽的花环。

华大妈跟了他指头看去，眼光便到了前面的坟，这坟上草根还没有全合，露出一块一块的黄土，煞是难看。再往上仔细看时，却不觉也吃一惊——分明有一圈红白的花，围着那尖圆的坟顶。②

① 刘焱:《青年周恩来的成长及其教训》,载《周恩来研究文选》,参考第28页。
② 鲁迅:《鲁迅文集》(1),《药》,竹内好日译,东京:筑摩书房,第54页。

为了让希望变成现实就必须对社会进行改革，为了实现改革就必须接受教育和启蒙。但是，现实是残酷的。

改革么，武器在那里？工读么，工厂在那里？[①]

民众被迫发出这样的吼声。改革社会需要筹措资金。为了筹措资金，需要就业。为了就业，需要工厂，为了拥有工厂，需要改革这个社会。对于周恩来他们这些热血青年来说，有一条解决上述一系列矛盾的捷径：成立"留法勤工俭学会"，到法国留学，在工厂里一边劳动一边学习。

这个项目的策划实施与第一次世界大战有关。战时的法国劳动力不足，所以，法国对接收外国劳工格外热心，而且法国很早就具备了接待外国留学生的土壤。最先关注这个项目的是后来成为北京大学校长的蔡元培等人。他们替那些求学欲望强烈却又没有能力自费到海外留学的青年着想，开始在法国建立边做工边学习的留学制度。这就是人们常说的"勤工俭学"。

周恩来听说后，便把自己再赴海外留学的愿望和立志于改革社会的决心，全部寄托在这个项目上了。

---

① 鲁迅：《鲁迅文集》（1），《头发的故事》，竹内好日译，东京：筑摩书房，第75页。

理想

印度洋上，法国的"波尔多号"邮轮正驶向科伦坡。周恩来望着无边无际的大海，想念遥远的家乡。也许是他刚刚写完记录狱中生活的《警厅拘留记》[1]，也许是他在邮轮停靠的西贡看见了许多华侨，所以勾起了他对中国大陆的思恋。

其实，周恩来刚从西贡给家乡的弟弟发了一封信，信中写道，西贡港"如同天津一样，河身九曲三湾，直通海口，大船一直进入，紧靠码头"。

这一天是 1920 年 11 月 10 日。[2]

那个年月，远东与欧洲之间的空中航线尚未开通，到欧洲只能乘船。邮轮进入印度洋以后，船上的人们便开始想家了。也许是因为在这个时候，出发时的亢奋和初次乘船的紧张已经消失，故乡的一草一木浮现在脑海里。

岸本回到船舱，从旅行包里取出信纸。这是一条法国

---

① 中共中央文献研究室编《周恩来年谱（一八九八——一九四九）》，北京：中央文献出版社，第 43 页。
② 周恩来写给周恩寿的信，载《周恩来书信选集》，北京：中央文献出版社，第 15 页。

法国邮轮"波尔多号"

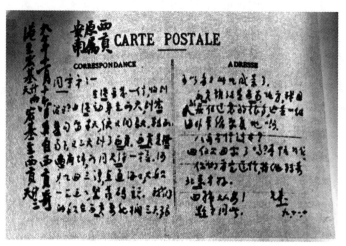

1920 年 11 月 16 日，周恩来从西贡寄给弟弟周恩寿的明信片

邮轮，在西贡以东的港口，上船的乘客不多，可以容纳六个床位的房间只分给了岸本一人，在这份难得的清静里，他准备给留在家乡的义雄哥写信。①

岸本是岛崎藤村的大作《新生》的主人公，他前往法国，为的是了结自己与侄女的乱伦之恋。这时候，岸本终于写完了上述这封寄给家乡的信，因为在轮船到达西贡之前，他一直想写却没能写成。

"到达科伦坡的时候，我特想返回日本……"②在作家横光利一的《旅愁》里，女主人公千鹤子这么说。

周恩来的乡愁远不及千鹤子那么感伤。在这里提起千鹤子，也是因为周恩来的船上生活与船上那些举止优雅的游客相比，有着天壤之别。据说周恩来一上船，就和那些船员和水手打成一片，帮他们打扫卫生，刷洗甲板，有时候还帮助他们操作风帆。他一手干活儿，一手捧着辞典，混在水手中间学习法文的日常用语。③

其实，参加勤工俭学项目远渡法国的中国留学生们，他们在船上的生活有什么悠闲可言呢？回忆起当年的船上生活，赵世炎这么说道：

① [日] 岛崎藤村:《新生》(上)，东京：新潮社，第118页。
② [日] 横光利一:《旅愁》(上)，东京：新潮社，第12页。
③ 怀恩:《周总理的青少年时代》，成都：四川人民出版社，第137页。

勤工俭学的学生们全都挤在宽二十来米、进深一米半的舱底，仅有六个圆形舷窗的舱里昏昏暗暗，空气浑浊。舱底被分成八个区，每个区有两块床板，每块床板又被隔成两半，睡觉时三四个人挤在一个区里。伙食糟透了。[1]

赵世炎比周恩来赴法的时间稍微早些，后来和周恩来一起，在法国为创办共产党组织作出了贡献。和周恩来一起留学法国的陈毅兄弟对船上的生活也有记录："每人分到一条毛毯，头枕着自己的行李，挤在挡板之间睡觉。"[2]

然而，具体说到周恩来，我们很难想象他被关在这个闷罐般的船舱里是如何度过这段令人作呕的艰苦生活的。假如他在船上写完了《检厅目录》的这件事情属实，那么，对于周恩来来说，尽管他是一个穷学生，旅途中也总有属于自己的悠闲时光。

事实上，后来陪伴周恩来共度留法生活的王若飞，当邮轮驶入印度洋以后，见到锡兰岛上的渔民叫卖鲜鱼，价钱相当便宜，便开起了玩笑："咱们用一件衬衫换一堆鱼，再来瓶酒，大吃一顿，连龙王爷见了也肯定眼红。"实际

① 《回忆留法勤工俭学中的赵世炎》，载《五四运动回忆录》，北京：中国社会科学出版社，第494页。
② 陈孟熙：《回忆留法勤工俭学前后的陈毅同志》，载《五四运动回忆录》，北京：中国社会科学出版社，第522页。

上，他们既买不起鱼，更买不起酒，享受的是一场不折不扣的"精神会餐"，给后人留下这么一段小插曲。^①看来学生们的船上生活也不见得那么郁闷，这里也散发着青春的快乐，闪烁着梦想的光芒。

11月25日，周恩来乘坐的"波尔多号"邮轮抵达科伦坡。^②南洋的椰林和阳光，愈发勾起了周恩来对家乡的思念，也让他对欧洲的憧憬充满了梦想和期待。

欧洲，周恩来对它的了解最先来自书本。而书本对欧洲的介绍，最多的是那里的"外国思想"，周恩来最先接触的是中国学者介绍欧洲的著作，作者都是清朝末年改良主义分子和启蒙思想家。周恩来在奉天（今沈阳）的那所小学相当进步，老师在课堂上讲过清朝末年启蒙家康有为和梁启超的文章。^③

实际上，年仅十二三岁的周恩来有没有看过这些书，令人怀疑。有人甚至认为，周恩来通过这些著作懂得了法国启蒙思想家让－雅克·卢梭和英国哲学家约翰·斯图亚特·穆勒的观点，这种说法^④未免有些离谱了。真实情况

① 陈志凌、贺扬：《王若飞传》，上海：上海人民出版社，第26页。
② ［英］迪克·威尔逊：《周恩来传》，第316页（注）。
③ 许芥昱：《当代最杰出的政治及外交家：周恩来传》，高山林太郎日译，刀江书院，第16页。
④ ［英］迪克·威尔逊：《周恩来传》，第25页；许芥昱：《当代最杰出的政治及外交家：周恩来传》，高山林太郎日译，刀江书院，第16、17页。

法国启蒙思想家卢梭（1712—1778）

也许是某个开明的老师向孩子们灌输了零七碎八的西方思想。即便是周恩来，通过中国人的著作有机会接触到卢梭的《民约论》，那也应该是上中学以后的事情吧。[①]

进入中学以后，周恩来开始学习英语。当时，南开学校非常重视英语教学，每周安排十节以上的英语课。另有一种说法是，该校的数学、物理、化学等科目，教材都是用英文编写的。[②] 到了后来，南开中学的英语教学和思想启蒙在他们意想不到的地方开花结果了。比如周恩来编辑

---

①② 方钜成、姜桂侬：《周恩来传略》，北京：人民出版社、外文出版社，
　　第 17 页。

的学生报，在《天津学生联合会报》报头题字的下方，印有美国总统林肯在有名的葛底斯堡演说里的那句名言——"要使这个民有、民治、民享的政府永世长存"，而这句名言使用的便是原汁原味的英文。①

就这样，周恩来从当年中国的一个普通学生，逐渐成长为一个相当具有西方思想的青年。但是，关于这个时候周恩来对西洋文化的理解程度，目前流行的一些说法似乎与事实相违，略有夸张。比如，易卜生剧作《玩偶之家》的那几个小故事便是佐证。

在周恩来的传记中，说他在南开学校上学期间男扮女装，演过娜拉这个角色。②可是这种说法令人难以置信。因为周恩来在南开中学的时间是1917年夏天以前，而《玩偶之家》在中国以"娜拉"为剧名翻译成中文的具体时间是1918年6月，当时发表在胡适等人编辑的《新青年》的易卜生专辑里。实际上，在巴金的《家》里，那个开明女生与反对男女同校的母亲拌嘴之后，因为读了《新青年》上的易卜生特辑而重新振作起精神，这个时间也是1919年五四运动之前。

---

① 这张有英文题字的照片，见中国历史博物馆编、林芳日译的《纪念周恩来总理——文物选编》，东方堂，1979年版，第13页。
② ［英］迪克·威尔逊：《周恩来传》，第30页。

在南开大学时参加学校成立的新剧团。后排左为周恩来

　　屋子里显得很凄凉，似乎希望完全飞走了，甚至墙壁上挂的父亲的遗容也对她哭起来。她觉得自己的眼睛湿了。她解下裙子放在床上，然后走到书桌前面，拨好了桌上锡灯盏里的灯芯，便坐在书桌前面的方凳上。灯光突然大亮了，书桌上"新青年"三个大字映入她的眼里。她随手把这本杂志翻了几页，无意间看见了下面的几句话："……我想最要紧的，我是一个人，同你一样的人……或者至少我要努力做一个人……我不能相信大多数人所说的……一切的事情都应该由我自己去想，由我自己努力去解决……"原来她正好翻到易卜生的剧本《娜拉》。

　　这几句话对她简直成了一个启示，眼前顿时明亮了。她明白她的事情并没有绝望，能不能成功还是要靠她自己

挪威剧作家易卜生（1828—1906）

《玩偶之家》插图

努力。总之希望还是有的，希望在自己，并不在别人。她想到这里，觉得那一切的绝望和悲哀一下子全消失了。①

　　在接触西方这一点上，周恩来与《家》的主人公们还是有区别的。周恩来留学法国之前，已经和洋人面对面地打过交道。比如，周恩来在去奉天之前，在江苏老家，他的嗣母在家里招待过来自西方的传教士，甚至还让传教士教他说英语。② 这种说法几乎在西方国家出版的所有的周恩来传记里都有所涉及。都说周恩来还是个小学生的时候，就已经有了和西方人接触的机会。乍一看，让人觉得确有其事。

　　但是，如果仔细追究这种说法的出处便可得知，这种说法均来源于许芥昱的《当代最杰出的政治及外交家：周恩来传》。许芥昱是这么说的：

　　她（指周恩来的嗣母）以非凡的自主精神，不顾家族大部分成员的批评和反对，主张请几位西欧的传教士，给孩子们传授包括英语在内的"新知识"。③

---

① 巴金：《家》（上），饭塚朗日译，东京：岩波书店，第40页。
②［日］西河毅：《周恩来的道路》，东京：德间书店，第14页；又，［英］
　　迪克·威尔逊：《周恩来传》，第22页。
③ 许芥昱：《当代最杰出的政治及外交家：周恩来传》，高山林太郎日译，
　　东京：刀江书院，第14页。

这里，许芥昱并没有指出故事的出处，而且周恩来的嗣母这么主张之后，现实中究竟有没有请传教士授课，并没有详细记述。

再说，距离杭州三百公里远的地方有传教士教英语，而且这些人特意跑到一个与基督教无缘的中国传统家庭里，只是为了教给孩子们几句英语，这种场景不禁令人心生疑窦。据说这位嗣母还不识字（编注：周恩来一岁过继给嗣母，四岁开始嗣母教他识字，背诵唐诗，讲历史上的英雄故事），与周恩来的伯父们相处又不太融洽，在这种情况下，一个女人提出的主张在家里居然行得通，把传教士请到家中的事情也办到了，这实在是令人百思不得其解。

倒不如说，周恩来实际接触西方人的机会，是他到了东北以后才有的，如果这么推测的话，也许更自然一些。

不过，这里还有一位值得研究的人——周恩来的表舅龚荫荪。这位龚荫荪是革新派人物，支持过孙文领导的革命运动，学识渊博，据说他当年曾经把老师请到家里办过私塾。如果就此认为，周恩来在舅舅家里学到了一些西方文化知识，而且有机会遇见西方传教士，也就顺理成章，不足为奇了。不管怎么说，周恩来与西方的真正接触，应该始于他来到东北以后。

周恩来在天津期间经常出入法租界。1920 年 1 月 26 日，觉悟社的秘密集会也是在法租界内的维斯理教堂举行的。① 另外，据说周恩来在这个法租界里还遇到了一位俄国教授，这个人的地位相当于共产国际的文化使节。②

如此说来，即使周恩来在留法之前与西方人士的确有过直接的接触，这种经历也是十分有限的。因此，周恩来当时对西方的看法还只是局限在概念上，头脑中的思考多于实际中的体验。那么，这种所谓"概念里的世界"在周恩来的心目中究竟是什么样子的呢？

在周恩来眼里，西方首先是一所大学校，在那里可以学习中国政治改革所需要的思想和方法。周恩来认为，中国的屈辱、贫困和混乱，根源在于政治，在欧洲，正好能够学到政治改革所需要的西方思想。

但是，周恩来又把目光放在欧洲向远东扩张的实力上，在殖民统治背后有西方文明，即欧洲的科学、技术和工业。"当时英国在世界执牛耳的是工业和商业。其实，这也是英国科学技术长期发展的结果。"看来周恩来很早就意识到了这一点③，欧洲对周恩来而言，不仅是政治思想的宝库，也是技术与科学的殿堂。

---

① 中共中央文献研究室编《周恩来年谱（一八九八——一九四九）》，第 37 页。
② 许芥昱：《当代最杰出的政治及外交家：周恩来传》，高山林太郎日译，刀江书院，第 31、253 页。
③ 刘健清：《周恩来同志"五四"前的科学和民主思想》，载《周恩来文选》，第 37 页。

1919年，周恩来发起成立觉悟社

在这种意义上，周恩来的"欧洲观"，与包括日本在内的来自远东的留学生几乎是一致的。

周恩来看待欧洲的眼光是非常务实的。这个结论从他留学首选美国而不是欧洲的具体过程中也能发现。比如说，周恩来在上南开中学之前，曾经一度希望报考与美国有不解之缘的清华学校。① 如果事实如此，那么，周恩来的"欧洲观"与他的"美国观"基本重合，"西欧"，只是他汲取知识的源泉。

---

① 许芥昱:《当代最杰出的政治及外交家:周恩来传》，高山林太郎日译，刀江书院，第17页。

实际上，周恩来赴欧洲留学的时候，并没有像富裕人家的子弟那样早已在憧憬中沉湎于欧洲的浪漫。周恩来在留学欧洲的这件事情上，表现得既冷静又务实。

另一方面，二十来岁的青年往往感情用事，好高骛远，难道这个特点在周恩来身上就一点儿都没有吗？其实不然。周恩来被天津警察拘捕的时候，曾经送给友人李愚如一首诗，用朴素的话语抒发了他的浪漫激情。

当年十八岁的女生李愚如是觉悟社的同志，在天津一所小学当教员，她在勤工俭学运动的感召下动身前往法国时，周恩来送给她一首告别诗。在这首诗里，周恩来把法国描绘成鼓励自由、独立和人权的一片沃土，他充满深情地歌咏道："送你到那自由故乡的法兰西海岸。"而且在这首诗的最后，周恩来还把脑海里描绘的自己留学的前景也写了进去："三月后，马赛海岸，巴黎郊外，我或者能把你看。"①

在周恩来的心目中，巴黎绝不是一个美不胜收、气氛浪漫以及历史悠久的梦幻之都，却是一个体现了自己的远大理想，即自由与平等的地方。

---

①《别李愚如并示述弟》，载《周恩来书信选集》，北京：中央文献出版社，第6页。

三个为什么

周恩来留学欧洲的动机在于思想上向往欧洲社会的自由平等，目睹了西欧的社会和政治，进而学习西方思想。

但是仅凭这个动机还不足以回答周恩来为什么在人生的关键时期、到特定的国家法国留学这个问题。

上一年的1919年4月，周恩来刚从日本留学归来，回国的主要原因是身为知识分子的周恩来决心要为拯救祖国作出自己的一份贡献，因为自己的祖国依然处于混乱和动荡之中。回国后，周恩来经过一番努力成立了觉悟社，不断开展政治活动。他在学业上也没有放松，回到南开学校以后又度过了一年或许还不到一年的校园生活。

不仅如此，周恩来又仓促决定到法国留学。这里面究竟包含怎样的动机呢？对于这个问题，编纂过周恩来传记的多位作者几乎都没有给出令人满意的解释。似乎也有人论及过，认为周恩来的留学之举是他很早就选定的人生道路。西河毅的《周恩来的道路》是一本破天荒的、经日本人之手综合介绍周恩来的著作。关于周恩来留学法国的动机，西河毅是这么讲述的：

051

願相會於中
華騰飛世界時
弟翔宇臨別贈言

1917 年，周恩来在东渡日本前为同学题字

052

关于（周恩来）到法国留学的动机，尚不清楚。我认为大概是因为他出狱以后，学生运动遭到警察的严密监视，不能随便行动，周恩来本人也被列为危险分子，所以他也许觉得还是到国外暂避一时为好。①

但是，西河的说法也有疑点，因为周恩来在尚未出狱的6月，在写给李愚如的那首诗里，就已经涉及他自己的法国之行。另外，周恩来是7月中旬出狱的，结果时至10月，他才着手准备前往法国。如此看来，认为周恩来被释放后突发奇想去了法国的说法是不能成立的。

同时，西河的说法也许有他正确的一面。因为一般说来，周恩来留学欧洲与他被捕入狱有一定的关联。忧国忧民拍案而起的请愿示威活动遭到镇压，而且自己还被捕，在周恩来看来，再这么继续开展学生运动恐怕自身难保。由于警方的镇压和搜捕，把学生组织起来开展有效的政治运动，这种做法已经难以为继。也许周恩来身边还另外有人好言相劝，因为在周恩来决定赴法留学时，南开学校的老师以及在法庭为他辩护的律师们也都表示，愿意为周恩来留学承担部分费用①，从这段传闻里是不是也能看到在此期间另有背景。

事实上，在当时的形势下，组织学生开展革命运动越来越困难。过了一年多以后，有同学号召大家回国，正在法国留学的赵世炎，道出了这些学生领袖当时的心境：

对于你们（劝我回国）的这番好意，让我心存感激。可是，就我个人的意愿而言，现在回国走的是一条弯路，像我这种人，在国内的关系又特别差，所以，你们不要再逼我（回国）啦！②

正是由于中国处于动荡时期，周恩来才中断了在日本的留学生活，提前回国，全身心地投入到学生运动当中。然而，如今也正是由于国家的动荡，他却又不得不暂时离开中国。

倘若周恩来为形势所迫必须离开中国，可他为什么选择了留学法国的这条路呢？

表面看来，这是因为"勤工俭学"这个项目让生活贫困的青年也能踏上海外留学的道路。换言之，周恩来并没

---

① 许芥昱：《当代最杰出的政治及外交家：周恩来传》，高山林太郎日译，东京：刀江书院，第34页。
②《赵世炎选集》，成都：四川人民出版社，1984年版，第68页。

有非到法国留学不可的愿望，其实他想去的是英国。关于周恩来去法国留学前后的表现，他的朋友回忆道：周恩来"本来想到英国读书，到了法国以后便去了英国，只是由于英国的生活费用太高，上学不便，所以他又回到了法国"。①

周恩来在南开学校学过英语，就本人条件而言，他也肯定会考虑只要有机会一定去英国留学。换句话说，周恩来人在法国，心在欧洲，法国只是他实现理想的一块敲门砖。

事已至此，周恩来的个人打算已经不重要了。周恩来在这个时期来到法国留学，而不是别的什么国家，这对于他后来成长为一名革命家，无疑起到了关键作用。试想，排除周恩来的个人动机，等于是时代的洪流把周恩来推向了法国。

时代的洪流，正是时代的洪流，让许多革命家把巴黎当成了自己的家！

例如列宁。

"血染的星期天"开启的那场革命和起义，如潮水般渐渐退去。与此同时，列宁在布尔什维克内部的地位也发生了微妙的变化。于是，列宁于1906年来到芬兰，第二

---

① 张申府：《留法前后我同周恩来同志的一些接触和交往》，载《怀念周恩来》，北京：人民出版社，第233页。

列宁（1870—1924）

年又冒着生命危险渡过冬日里冰水横流的大海，移居斯德
哥尔摩。其后的 1908 年 12 月，列宁和妻子克鲁普斯卡娅
一起迁往巴黎。最初，他们住在巴黎南部蒙苏里公园附近
的伯尼路 24 号。列宁在这栋楼里包租了四个房间，年租
金八百法郎，除了妻子，还有妹妹及列宁的岳母，共有四
口人在这里一起生活。①

　　列宁在巴黎期间常去图书馆看书，给报刊投稿，为建

---

① ［法］雅克·希拉莱特:《巴黎街道历史词典》［Jacques Hillairaet,
Dictionnaire historique des rues de Paris(A—K), p.166.) ］。本书还可译为:
《巴黎街道历史故事大全》(*Dictionnaire historique des rues de Paris*)。

立党的组织，筹办干部学院而四处奔波。[①]

列宁在巴黎的活动与他在思想战线开展的斗争密切相关，比如在成立干部学院的问题上。

1909年7月，列宁等人发行的《无产者》杂志召开编委会扩大会议，以列宁为核心的布尔什维克领导机关清除了波格丹诺夫派，这一派里还有卢那察尔斯基、高尔基等造神主义者。卢那察尔斯基将马克思主义解释为一种宗教，而且是最具人味的宗教。而高尔基也在《忏悔》这部作品中表现了宗教是众望所归的唯心主义观点。

列宁严厉批判了这伙人的造神主义。他在1913年11月写给高尔基的那封有名的信里抨击道，把马克思主义视为宗教的做法无异于将马克思主义等同于其他宗教，而且一并视为魔鬼和瘟疫。[②]然而，卢那察尔斯基和高尔基等人为了宣传自己的观点开始行动，在意大利的卡布里岛创办了一所学校，招收各地工人。为了反对他们的做法，列宁也打算在巴黎郊区筹办一所干部学校。

大约十年后，周恩来踏上了同一块土地，他所付出的

① ［苏］阿尔伯特·涅纳罗科夫：《弗拉基米尔·列宁》，莫斯科：苏联新闻社，1985年版，第31—32页。（Arbert Nenarokov, *Vladimir Lenine*, Editions de l'Agence de Presse Novosti, Moscou, 1985, P.31-32.）
② 列宁这封信的详细内容及其背景，参考［日］向坂逸郎：《列宁传》，东京：改造社，第223—225页。

努力与当年的列宁十分相似，这一点在后面的章节里有所叙述。在异国他乡的巴黎，周恩来也不得不与他的中国人同事们展开激烈的思想交锋。

至于列宁当年在巴黎开展思想斗争的具体情况，《列宁传》的作者向坂逸郎做了详细而又生动的描述：

以列宁为核心的一群布尔什维克，远离家乡，忍受生活的贫困，顶住政治上的压力，不得不与那些曾经是同志的人不断进行斗争，目的是捍卫革命的马克思主义大旗。流亡者里有很多人是孟什维克，这些人嘲笑列宁等人是少数派，并且敌视他们。巴黎发行的滑稽报曾经嘲笑过布尔什维克："除了列宁、季诺维也夫、加米涅夫，如果有谁还能说出第四个布尔什维克的名字，我们就把这个王国赏给他一半。"一个多么无情的时代！反动派的阴霾笼罩在身处异国的列宁头上。[①]

就在这个时候，有一个俄罗斯人来到伯尼路的公寓，拜访了身心疲惫的列宁。他就是后来《解冻》的作者伊利亚·爱伦堡。

---

① 参考［日］向坂逸郎:《列宁传》，东京：改造社，第 226 页。

我找到了列宁位于蒙苏里公园旁边那条小路上的家（现经核实，这条路就是伯尼路），迟迟不敢按响门铃。我在他家门前伫立良久，终于鼓足勇气。给我开门的是娜杰日达·康斯坦丁诺夫娜（原注：娜杰日达·康斯坦丁诺夫娜，即列宁的夫人克鲁普斯卡娅，优秀教育家）。列宁正在伏案工作，只见他面对一张长长的纸，眯缝着眼睛，思考着什么。

　　我向列宁讲述了学生组织的解散过程、《统一党的两年》的写作情况、波尔塔瓦的形势，等等，他听得特别认真，时而露出会意的微笑。我觉得自己在对方眼里只不过是个毛孩子，所以愈发语无伦次了。我告诉他，我把订报人的地址都背熟了，娜杰日达·康斯坦丁诺夫娜把这些地址都记了下来。我起身准备告辞，列宁又把我拦下，问我青年们的情绪怎么样、《知识》文库（原注：《知识》文库是1904年至1913年，知识出版社为推广民主主义作家的作品而出版发行的系列图书，这些作品在当时深受人们的喜爱）受不受读者欢迎、莫斯科大剧院和艺术剧院在上演什么剧目，等等。列宁在房间里来回踱步，我坐在凳子上。"该吃饭啦！"娜杰日达·康斯坦丁诺夫娜走过来招呼道。都怪我的屁股太沉了。可是列宁夫妇一再挽留，用饭菜热情款待了我。让我感到意外的是这里的房间布置得井井有条，所有的书籍都整齐地码放在书橱里。弗拉基米尔·伊里奇的桌上一尘不染，不像莫斯科的同志们，还有萨夫琴

俄国作家伊利亚·爱伦堡（1891—1967）

科和柳德米拉的房间那么凌乱。弗拉基米尔·伊里奇忍不住地对娜杰日达·康斯坦丁诺夫娜说：还是来自那边的第一手材料听起来带劲……现在的年轻人对什么感兴趣，你心里有数了吧……

　　他那智慧的大脑深深地震撼了我。十五年后，当我看到躺在水晶棺里的列宁时，想起了他的智慧。我注视着他那令人惊奇的头盖骨，久久不忍离去。这副大脑让人想到的不是解剖学，而是建筑学。①

　　说起爱伦堡造访的伯尼路阿帕尔特公寓，也许是因为列宁觉得这里的房租昂贵，大约在半年以后，他们从这里又搬到了向北约有百米的玛丽玫瑰大街2号。列宁在这栋公寓里只租了两个房间和厨房，一家人在那里生活了三年。这里正好离巴黎的咖啡一条街——蒙帕尔纳斯大街不远，列宁似乎经常出入的那家有名的圆顶咖啡馆，至今仍然保持着原来的风貌。据说直到20世纪70年代初，宣扬为列宁坐过的那把椅子，仍然堂而皇之地陈列在圆顶咖啡馆里。② 其实，列宁最常光顾的咖啡馆并不是什么"圆顶"，而是往南再走一公里，位于丹福尔·洛什里鲁广场的东方咖啡馆，列宁经常在那里与流亡的弟兄们碰面③，一起痛饮"扎啤"。

　　在这个时期，和列宁一起出没在蒙帕尔纳斯的咖啡馆的俄国革命家还有大名鼎鼎的托洛茨基。可是后来，把列

---

① [俄]伊利亚·爱伦堡:《我的回想》第二部，木村浩日译，东京：朝日新闻社，第117—119页。本书俄文版名《人、岁月、生活》，英译《回忆录:（1921—1941）》，中译《人·岁月·生活: 爱伦堡回忆录》。

② [法]让－保尔·克雷斯佩勒（Jean Paul Grespelle):《蒙帕尔纳斯的赞歌》，佐藤昌日译，东京：美术公论社，1977年，第95页。

③ [俄]伊利亚·爱伦堡:《我的回想》第二部，木村浩日译，东京：朝日新闻社，第116页。

列宁在巴黎的住所（墙上有列宁的浮雕头像）

第一次世界大战前的巴黎先贤祠一带（拉丁区的学生街）

宁这些值得所有人回忆的往事娓娓道来的人却是爱伦堡。当时，爱伦堡还是一个涉世不深的小伙子，在巴黎靠给俄罗斯游客当导游糊口，间或翻译法国诗人亨利·德·雷尼埃的作品。

啊，多么可怜哟，因为昨天，朝夕忧伤不已

啊，多么可怜哟，因为明天，朝夕叫苦不迭

啊，多么可怜哟，因为自己，朝夕负重不堪

这是雷尼埃的一首诗——《铭文》，曾经被日本赫赫有名的翻译家上田敏翻译成了日文。

1911年，当爱伦堡与列宁他们在蒙帕尔纳斯街头徘徊的时候，有一位日本妇女也来到了巴黎，拜访了这位雷尼埃先生。这个人就是日本诗人与谢野晶子。

第一次世界大战前后的巴黎街头，革命家、艺术家在行色匆匆的人生道路上你来我往。与列宁等流亡政治家在同一时期，布拉克、莫迪里阿尼、弗拉曼克等一批画家也经常出没在蒙帕尔纳斯大街，甚至还传出了托洛茨基在街头抓住大画家弗拉曼克，嘱咐他要为工人作画的逸闻①。但是，据说列宁本人对这些"巴黎派"画家不感兴趣，他宁

---

① ［日］菊盛英夫：《文学咖啡》，东京：中央公论新社，第137页。

可喜欢文艺复兴时期的作品。

在巴黎，不仅有列宁和托洛茨基等一批俄国革命家，还有来自亚洲的革命家，比如阮爱国——后来成为越南领袖的胡志明。

胡志明在法国商船"拉·都舍·特莱维勒都督号"上当过两年勤杂工。他在法国北部的勒阿弗尔港上岸后直奔英国而去，在餐厅和饭店里洗盘子，同时加入了秘密组织"海外劳工协会"，等待时机，投身政治与革命。1917年，胡志明再次来到法国，住在巴黎，改名阮爱国。他先后更换了两三个住处，最后住在蒙马特尔公墓旁的科恩波安巷9号。这位未来的越南革命家，一边从事类似摄影师的工作，一边参加政治集会。有一次，政治集会在塞纳河边的一家书店举行，据说托洛茨基也经常在这家书店抛头露面。

不久，阮爱国加入了法国社会党，给法国的报纸杂志投稿，呼吁解放越南。据当时认识胡志明的越南人说，胡志明这个人少言寡语，喜欢阅读左拉、阿纳托尔·法朗士和罗曼·罗兰的作品，据说他还是《红与黑》的男主角于连的崇拜者。

在巴黎，胡志明和同期活跃在法国的周恩来一样，为了解放祖国，积极组织政治团体，还负责编辑名为"Pariah"（可译为《贱民》）的机关报，致力于启蒙和宣传工作。至于胡志明本人，无论是语言、经历还是出身，他的生活已经被当地的法国人彻底同化了。因此，他开展的活动具有相当高的国际水平。

胡志明成立的政治组织叫作"国际殖民地联合组织"，实际情况如何姑且不论，参加者原则上不限于越南人，马达加斯加、达荷美（今贝宁）、西印度群岛等地的解放运动分子也被他吸收在内。

1923年，胡志明在离开巴黎前往莫斯科之前的那段时间里，与俄共领导人季诺维也夫、布哈林等人，以及后来成为中共领导人之一的李立三有过交集。若干年后，国共合作中的有功之臣王若飞也在回忆录里留下这样的记载：胡志明向王若飞等中国学生介绍了法国社会党的情况，他的周围聚集了一群中国学生，胡志明还常光顾巴黎的戈德弗鲁瓦旅馆。[1]

不过，据胡志明本人回忆，当时他的思想还不够成熟，顶多是在那个激情燃烧的日子里多吸了几口欧洲社会主义运动的空气，接触了殖民地国家的民族解放运动。

第一次世界大战刚刚结束，我在巴黎上班挣钱，为在法国制造的中国古董绘制图案……这时候，我到处散发揭露殖民地主义罪恶的宣传品，支持苏维埃的十月革命也只

---

[1] 陈志凌、贺扬：《王若飞传》，上海：上海人民出版社，第48页。

是出于我精神上的共鸣。因为我当时对十月革命的历史意义缺乏起码的认识，只是因为列宁是一个解放了自己同胞的伟大爱国者，所以我对他倍加尊敬。而我在那个时候还没有读过一本列宁的书。①

如果相信这些话是从胡志明的嘴里说出来的，那么，阮爱国客居巴黎等于为自己找到了一个开阔政治视野、不断丰富头脑的绝好机会。对于这些充满革命激情的人们来说，第一次世界大战后动荡不安的巴黎，恰似一个为他们专门开办的历史课堂，一个互相学习互相交流的固定场所。

时代的洪流不断把众多的革命家推到了巴黎，而巴黎这座世界有名的都城，以其政治、历史和文化的无限魅力，磁石般吸引了世界各地的人们。

---

① 这是胡志明于 1960 年 7 月撰写的文章，题目是《我的列宁主义引路人》。参考［法］让·拉库蒂尔著《越南之星——胡志明传》，吉田康彦、伴野文夫日译，东京：SAIMARU 出版会，第 24 页。本章节有关胡志明的事迹主要记载于该书第 13—35 页。

第二章　在巴黎的日子里

巴黎—伦敦—巴黎

1920 年 12 月 13 日 [①]，经过一个多月的海上航行，周恩来终于抵达了法国的马赛港。

在法国负责接待中国留学生的华法教育会学生部干事到码头迎接周恩来他们。第二天早晨，周恩来乘车前往巴黎。当时，南开学校已经有几位同学住在了巴黎，其中就有周恩来曾经以诗相赠的李愚如。在同学们的热心安排下，周恩来暂且在一家旅馆里安顿下来。

关于周恩来来到巴黎后最初住在哪儿，具体做了些什么，不同版本的周恩来传记，众说纷纭，莫衷一是。

最早也最具权威的周恩来传记的作者许芥昱认为，周

---

① 迪克·威尔逊的《周恩来传》根据劳埃德海运记录，认为周恩来的抵达日期是 12 月 13 日（该书第 54 页及 316 页），而中共中央文献研究室最新的《周恩来年谱（一八九八——一九四九）》和《周恩来传》认为是 12 月中旬或 12 月 13 日前后。这也许顾虑到周恩来在 1921 年 1 月 25 日的一封信，周恩来在信中说："恩来、福景离国之期为去岁十一月七号，海行三十六日抵法之马赛。"（《周恩来书信选集》第 17 页）。即如果从 11 月 7 日算起，第 36 天应该是 12 月 12 日。

在法国勤工俭学时的周恩来

恩来最初是在夏托·切里的一所学校里学习法语。[1] 威尔逊在《周恩来传》里也有相同的表述，也许根据就在许芥昱这里，而且威尔逊还添了一笔，说周恩来当时就住在巴黎郊区比央古。[2] 但是，这个说法的出现会不会是当年提供信息的中国学生记错的结果呢？再不然就是作者的疏忽。因为需要指出的是，夏托·切里这个小镇子离巴黎有九十公里远，如果周恩来住在巴黎却跑到这里学法语，有悖常理。况且，夏托·切里在巴黎的东部，而比央古地处南郊，

---

① 许芥昱：《当代最杰出的政治及外交家：周恩来传》，高山林太郎日译，东京：刀江书院，第35页。

② ［英］迪克·威尔逊：《周恩来传》，第55页。

不在一个方向上。目的是到学校学习法语，人却住在一个方向不对行动不便的地方，不免让人感到莫名其妙。如下文将要叙述的那样，即便认为周恩来暂时在比央古住过，那也应该是在他从英国返回巴黎以后，否则，我们就必须把这两个问题分开考虑：一是初来乍到的周恩来居住何处，二是周恩来到达巴黎后是否只作了短暂停留并学习法语。

另据中国出版的苏叔阳的《大地的儿子——周恩来的故事》讲述，周恩来一到巴黎，马上住到了巴黎东南部的布洛瓦街。[①] 可是查遍巴黎历史上的大街小巷[②]，也没有找到布洛瓦街或者布洛瓦路，看来又是在哪儿出了差错（下文有所叙述，该书似乎将所谓的"布洛瓦街"与离巴黎不远的布洛瓦镇混为一谈了）。

从周恩来抵达巴黎的 12 月中旬到他前往伦敦的次年 1 月 5 日，中间本来就只隔了三周，在这期间还有圣诞节，许多学校放假，所以学习法语的说法比较勉强。况且还有一个无法撼动的证据，即周恩来 1 月在伦敦写给老乡的那封信。[③] 信中写道：自己病了一个星期，同窗"福景在法

---

① 苏叔阳:《大地的儿子——周恩来的故事》，竹内实日译，东京：SAIMARU 出版会。

② ［法］雅克·希拉莱特:《巴黎街道历史词典》。(Jaque Hillairat, *Dictionnaire Historique des Rues de Paris*)

③ 周恩来与李福景 1921 年 1 月 25 日致严修的信，载《周恩来书信选集》，北京：中央文献出版社，第 17—20 页。

1921 年 2 月，周恩来和李福景（中）、常策欧（右）在伦敦

约留一星期，便渡海来英……"正如周恩来后来说的那样，他本来也想尽快到伦敦去。从这里不难看出，周恩来如果没有生病，本应该 12 月中旬随这位李姓朋友一起前往伦敦。如此说来，周恩来到巴黎以后立刻开始学习法语、在某某地方安家落户的说法，都是经不起推敲的。他要么住在旅馆里，要么住在朋友那儿，一边等待身体恢复，一边为前往伦敦做些准备，这样说起来是不是更加真实呢？

1921 年 1 月 5 日，周恩来到达伦敦。①

周恩来在伦敦一边搜集大学的招生信息，一边关注英

---

① 周恩来与李福景 1921 年 1 月 25 日致严修的信，载《周恩来书信选集》，北京：中央文献出版社，第 17 页。

国的经济动向和政治形势。

伦敦是卡尔·马克思度过三十年流亡生活的地方。伦敦也是让列宁备受刺激的地方。

伊里奇（指列宁）对生机盎然的伦敦颇有研究。他喜欢坐到公共马车的二层上，一连几个小时在城里纵横驰骋。在这座巨大商业城市里，灯红酒绿的生活深深地刺激着他。一排排富丽堂皇的宅邸坐落在恬静的街区里，嫩绿的蔓草缠绕在敞亮的玻璃飘窗前，时而有锃亮的马车从街上穿过。然后就是伦敦工人居住的穷街陋巷，这里到处都是晾晒的衣物，几个面无血色的孩子在石阶上玩耍。他就这么坐在车上转来转去，看来看去，乱糟糟的小巷和静悄悄的街道简直不属于同一个世界。

我们是徒步来到这些地方的。目睹这种极端的贫富所形成的强烈反差，列宁总是摇摇头说："Two Nations！"

......

有那么两三次，我们是在发薪日当晚去的"工人街"。商贩们沿着长长的便道排成一溜儿，每个摊位旁都燃起了松明。便道上，成群结伙的男女工人潮水般涌来涌去，叽叽喳喳，无论买到什么食品都当场吃掉，先把自己的肚子填饱。

弗拉基米尔·伊里奇总是牵挂着工人群众。只要是劳苦大众聚集的地方就能够见到他的身影。他去过郊区，看到生活在社会底层的工人累了只能躺在草地上睡几个小时，他还去过酒馆，也去过阅报室。伦敦街头有许多这种能够随时阅览报纸的设施。从街上走过的任何人都可以随便进来，这里没有座位，只有桌子，桌上放着一摞摞报纸，进来的人拿起来就看，看完后放回原处。后来，弗拉基米尔·伊里奇打算让这种阅报设施在我们国家也遍地开花。①

第一次世界大战后的欧洲社会蒙在动荡不安的阴影里。于是，伦敦给周恩来留下的第一印象便是冬季的伦敦没有阳光。正是因为伦敦充满了大英帝国数不清的荣耀，市民们在严寒、失业和饥饿的威逼下愈发显得悲惨，他们惶惶不可终日的身影堵在周恩来的心窝里，让他挥之不去。②

在观察社会的同时，周恩来到处收集信息，看看自己能够报考英国的哪所大学。经过一番对比，周恩来决定报考苏格兰的爱丁堡大学。主要理由是爱丁堡大学只考英语，不必参加其他科目的考试。③但是有一条，英国的大学每年 10 月份才开学，即便是考试合格被人家录取，周恩来也

---

① 据列宁的妻子克鲁普斯卡娅回忆。引自［日］向坂逸郎：《列宁传》，东京：改造社，第 160–161 页。
② 中共中央文献研究室编《周恩来年谱（一八九八——一九四九）》，第 46 页，以及参照本书第 80 页的注。
③ 周恩来 1921 年 2 月 8 日致严修的信，载《周恩来书信选集》，第 28 页。

1921年，周恩来（前排左）与同学在法国的合影

必须熬过这个9月。在伦敦逗留期间，周恩来一直在琢磨自己该不该等完整个9月。最后他拿定了主意：返回巴黎！

在伦敦，周恩来没有等到大学开学，姑且回到了巴黎，这里至少有两方面的原因。

一是被爱丁堡大学录取后，除了英语，周恩来自己还要选一门外语作为必修课。既然如此，还不如利用开学前的这段时间回到法国学习法语——周恩来最初也是这么考虑的。[①] 但是，还有一个更重要的因素，是来自经济方面的。当时，伦敦的生活费要比巴黎高出一截儿，这让周恩来倍感忧虑。如果回到巴黎，"则用费可省十之六七"，[②] 周恩来左思右想，还是回到了巴黎。

周恩来返回巴黎后，暂时住在郊区的"学生城"卡尔切拉丁。[③] 周恩来是出于经济上的考虑回到巴黎的，随后的贫困生活，下文另述。周恩来在卡尔切拉丁度过艰苦生活的那间宿舍，紧邻巴黎大学法学部，到舒弗瓦酒店徒步也只有几分钟，当年向往法国文学、徘徊在巴黎的永井荷风也曾在这家酒店里住过。时至今日，卡尔切拉丁这座"学生城"的青春与喧闹依然如故。

---

① 周恩来1921年2月8日致严修的信，载《周恩来书信选集》，第28页。
② 周恩来1921年2月13日致陈式周的信，载《周恩来书信选集》，第30页。
③ ［英］迪克·威尔逊：《周恩来传》，第56页。

熬过下午，便是日暮时分，精力充沛的学生们三三两两，陆陆续续从各处的校园和讲堂里出来，结伴散步。这时候，平时本来就车水马龙的街面更加热闹起来。而在客栈和宿舍一户紧挨一户的背街小巷里，小提琴、钢琴的练琴声伴随着歌声不断从窗户里飞出。窗下临街的各种商铺门前，腰扎围裙的姑娘和老板娘们的嘴里不知吆喝着什么。等到太阳完全落山了，文学学府——索邦大学内的教堂钟声响彻天空，坐落在街头的咖啡屋和餐厅灯火通明，音乐四起，即便在巴黎的闹市区里也难得一见的夜生活拉开了帷幕。浓妆艳抹的女郎与寻欢作乐的小伙子拉拉扯扯，在街头巷尾甚是抢眼……①

周恩来不会像永井荷风那样，悠然自得地用文学眼光欣赏客栈窗下巴黎"学生城"的街景。然而，就连体验过美国生活的荷风，来到欧洲后也有了他意想不到的收获，寻到了相当刺激的文化题材，更何况有生以来第一次踏入欧洲文明中心的远东青年周恩来。对于周恩来来说，这里是一个充满了惊奇和刺激的场所。

许芥昱在《当代最杰出的政治及外交家：周恩来传》里生动描述了与周恩来同时赴法留学的中国学生，他在适

---

① [日] 永井荷风:《法兰西物语》，东京：新潮社，第103页。

范孙老先生...

1921年2月8日，周恩来从英国寄给严修的信应西方生活的过程中发生的那些近乎笑话的文化冲突，在这里可以引以为证据：

　　巴黎的中国大使馆 [1] 在没有任何财政预算支持的情况下迎来了中国的"留学潮"，日夜操劳。他们在当地动员了教育界的几位好心人，让他们把自己的校舍腾出来用作留学生的临时宿舍。好心人里有一位名叫夏伯的校长，他的夫人主动承担起这些中国学生的宿舍管理工作。面对这些只知道用筷子盖棉被的中国学生，待人和蔼的夏伯夫人耐心地向他们传授法国家庭的生活方式，比如嘱咐他们不要把夜里吃剩的东西扔到马桶里，告诉他们法国人睡觉是躺在两张床单之间。此外，她还不得不多订购几份面包，因为许多学生只把柔软的面包芯儿掏出来吃，而把法国长棍面包最香的硬皮部分都剩在面包筐里（他们以为这些面包是烤煳的）。有几个学生找到了在法国工厂里做钟点工的机会，结果在语言交流上遇到了障碍。有个学生和与他一起干活的法国工人从早到晚无法用语言沟通，所以气急败坏，竟然丢下手里的工作，突然扯着嗓门儿唱起了京剧。结果把车间里工人们吓坏了，以为他旧病突发，慌忙把他

---

① 许芥昱:《当代最杰出的政治及外交家：周恩来传》，高山林太郎日译，东京：刀江书院，第36页。

送进了神经病医院接受检查。

从表面看，周恩来对于"西方文明"这种异国文化所带来的文化冲突并不介意，让他动心的是日益显露的社会动荡像一把尖刀，插在表面繁荣的文化之中。

周恩来在给家乡报纸的投稿中这样写道：

吾人初旅欧土，第一印象感触于吾人眼帘者，即大战后欧洲社会所受巨大之影响，及其显著之不安现状也。影响维何？曰：生产力之缺乏，经济界之恐慌和生活之窘困。[①]

诚然，周恩来身为年轻有为的革命者，他的心灵之所以受到冲击，或许就是源自贫富不均的社会现状。但是，作为一个生活在现实中的人，周恩来感受到的欧洲社会的自由精神更为强烈。

比周恩来先行一步到达法国、一年前来到巴黎的李立三，感觉这里的一切都是那么新鲜，充满了自由的气息。于是他怀着激动的心情做了一首新体诗。看来当时的周恩来以普通人的心态，也应该同样卷入了令人感叹的巴黎生活。一方面是周恩来对自由生活的向往，另一方面是他身

---

① 天津《益世报》，1921 年 3 月 22 日。

为革命家对这个严酷社会的洞察，这两者之间绝不矛盾，
李立三的这首诗便可证明：

我是一个断梗的浮藻

随着那风波儿上下飘零

也到过黄浦江头

也到过潇湘水滨

也到过幽燕

也到过洞庭

今又吹我到西天来了

呼吸那自由的空气

瞻仰那自由的女神

我还要唱那自由之歌

撞那自由之钟

唤醒可怜的同胞

鼓荡雄风

振作精神

造一个自由的新世界

作一个幸福无比的新国民 [①]

① 唐纯良：《李立三传》，中村三登志日译，东京：论创社，第26–27页。

分裂与统一，革命与反动

周恩来离开祖国的时候，中国正在经历一场时代的动荡，而周恩来到达欧洲的时候，欧洲也处于分裂与统一，革命与反革命互相纠缠的混乱时期。

一场战争让法国减少了一百五十万人口，伤病者一百七十万。在经济上，法国也蒙受了严重打击。为了筹集战场所需的军费，法国债台高筑，所欠的债务多达年财政收入的六倍。再加上受俄国革命的影响，法国的对外投资损失了三分之二。

不仅是法国，战争引起的政治和经济的混乱覆盖了整个欧洲。在德国的柏林、不莱梅、慕尼黑等地，左翼分子和共产党的武装起义刚刚失败，右翼和民族主义分子接二连三地采取暗杀行动。1919 年 1 月 15 日，德国革命派左翼领袖卡尔·李卜克内西和罗莎·卢森堡惨遭警方杀害。仅过半个月，德国南部巴伐利亚革命领袖库尔特·艾斯纳也被贵族中的民族主义分子暗杀。

面对着坐在革命的火药桶上的欧洲，刚诞生不久的苏维埃政权于 1919 年 3 月发起成立了第三国际，即共产国际，准备加强与欧洲革命势力之间的国际合作。目睹武装起义的失败和社会主义阵营的混乱，莫斯科方面没有妥协折中，而是选择了纯洁革命队伍和排除异己的紧急战略，最终决定凡是参加共产国际的政党都必须脱离社会民主主义，即所谓"二十一条"决议。

共产主义势力越是不肯妥协，反动势力对革命和布尔什维克主义的戒备和仇恨情绪也就越发强烈。从1919年到1922年，正是这种对革命势力的恐惧心理，促使意大利的法西斯主义迅速抬头。趁南斯拉夫与意大利发生领土之争，意大利诗人邓南希指挥军队攻占了德国港口城市阜姆，这位诗人采取的军事行动为墨索里尼的登场做了铺垫。

墨索里尼为进攻罗马而组建法西斯军团的时候，在第一次世界大战期间参军入伍并成为德军下士的奥地利人阿道夫·希特勒，从波恩流落到慕尼黑以后，很快成为新诞生的纳粹党党员，开启了自己的政治生涯。一场革命与反革命的风暴席卷了整个欧洲。

在欧洲的这场狂风暴雨中，周恩来居住的法国也未能幸免。大战前夕由农业与金融资本构成的法国经济，在大战结束后逐步转型，构建了以重化学工业为主的产业结构。在这个过程中，依靠利息和公债生存的中产阶级开始没落，另一方面，延续战时经济模式的制造业如日中天，随之而来的是工厂里的熟练工人变为纯粹的体力劳动者，这一转

列宁（右二）在共产国际第一次代表大会上

换过程引起了社会动乱。

　　社会动乱首先表现为连续不断的工人罢工。从 1919 年夏天到 1920 年夏天，罢工事件此起彼伏，工人们不断与警方发生冲突，从 1920 年开始发展为以铁路工人为主的总罢工。这场旨在通过大众运动方式实现社会革命，由传统的工团主义者领导的总罢工，达到了一百五十万人的规模。然而，由于政府的镇压和政治领导人的欠缺，这场大规模的政治运动以失败告终，主张社会运动应当脱离政党领导另起炉灶的革命工团主义，从此退出了历史舞台。

　　在这种形势下，左派失去了有效反击的核心力量，无法对抗 1919 年 11 月总选举以来一直支配法国政治的右派势力——第三共和。从此以后，左派的分裂日趋严重。1921 年 10 月，重视政治权力、注重与苏共友好关系的一些人成立了法国共产党，而反对派的另一些人则以莱昂·布鲁姆为核心组成了法国社会党。当时，法国共产党坐拥十四万名党员，而且得到了阿纳托尔·法朗士、亨利·巴比塞等社会名流的支持。

随着政党的分裂，工会组织也发生了变化。法国总工会（CGT）分裂成三派，即新成立的"统一总工会"（CGTU）、"基督派工会"（CFTC），再加上原来的法国总工会。

从表面上看，政党分裂主要是受到 1919 年选举的失败和苏联布尔什维克主义的影响，但其深层原因是第一次世界大战形成的国际主义与国家主义的对立。

法国工人运动的核心领导人物让·饶勒斯在第一次世界大战爆发前夕说过："如同乌云在呼唤风雨，资本主义在呼唤战争。"他呼吁全世界的劳动者团结起来。饶勒斯还有一句名言："孤家寡人的国际主义，将成为人们脱党的原因，如果是人多势众的国际主义，人们将回归党内。"① 然而，时代的潮流无情地卷走了饶勒斯，1914 年 7 月 31 日，

---

① ［法］让·迪弗朗斯奈:《法国的左派（我知道什么？）》，第 74 页。［Jean Deffrasne, *La Gauche en France* (Que Sais-je?)，p.74.］

饶勒斯在巴黎的一家咖啡馆里遭人暗杀。法国作家罗歇·马丁·杜·加尔在其名著《蒂博一家》里安排了一段主人公杰克与他的恋人珍妮目睹饶勒斯被人暗杀的情节。

只听"嘭"的一声,像是车胎爆炸,杰克差点惊叫起来。紧接着又响了一枪。然后是玻璃的破碎声,只见房子深处的一面镜子被打得粉碎。瞬间的惊愕过后,屋里一阵骚乱,人们纷纷站起来,朝镜子那边看去。

"有一发子弹打中了镜子!"

"谁打的?"

"从大街上!"

两个侍生朝门口奔去,然后窜到了四处惊叫的街面上。

当时,杰克本能地探起身来,一边伸出胳臂护住珍妮,一边用目光寻找饶勒斯。他猛然发现了饶勒斯。站在这位"老爷子"身边的都是他的朋友,只有饶勒斯本人依然那么沉着,坐在老地方一动不动。杰克发现饶勒斯悄悄地俯下身去,似乎要从地上拾起什么东西,然后再没见他起来。

就在这个时候,经理的太太阿尔蓓鲁夫人从杰克的餐桌前跑过去,随后发出一声尖叫:"先生中弹啦!"

"别动!"杰克说道,用手按住珍妮,强迫她坐在椅子上。①

饶勒斯的命运与法国社会党的命运如出一辙。

今天，如果走访蒙马特尔大街 141 号这个巴黎证券交易所幕后操作者云集的场所，站在看似平常的咖啡馆门口，人们将注意到墙上镶嵌着一块白色的巨大石盘，上面的那行文字是："让·饶勒斯在此遭到暗杀"。后面还注有遇害日期。咖啡馆附近的共产党机关报《人道报》总部还在，人们仍然可以稍微感受到当年那些年轻的社会主义者们在这家咖啡馆里聚会的氛围。

这一切给年轻的周恩来带来了什么影响呢？无论怎么说，周恩来在战后欧洲的混乱局面中看出了欧洲资本主义行将崩溃的前兆，这种体制的末日正在来临。欧洲资本主义国家的混乱和衰退，与欧洲在海外的殖民地发生动乱和走向独立的趋势遥相呼应。周恩来从长期忍受欧洲帝国主义压迫的中国走来，在欧洲的混乱局面中发现了各国奋起反抗殖民统治的希望曙光。尤其是俄国这个欧洲大国独树一帜，通过布尔什维克革命，主动出击，反对欧洲殖民统治，俄国的行动预示着一个重大历史转折时代的到来。于

① ［法］罗歇·马丁·杜·加尔：《蒂博一家》第十卷，山内义雄日译，东京：白水社，第 141 页。

是，周恩来把自己的全部希望和期待寄托在了布尔什维克身上。

　　另一方面，欧洲的政治形势也让周恩来等革命干劲十足的青年忧心忡忡，他们行动更加谨慎。周恩来到达巴黎后的 1920 年年底，正值欧洲朝着反动和保守转向的关键时期。周恩来亲身感受到了欧洲有产阶级对革命的恐惧和保守势力的根深蒂固。革命的成功不是轻而易举的，反动势力的强大让革命斗争的前途变得更加险恶。

崩溃与新生

战争不仅影响了政治和经济，欧洲所有的文化和艺术都在面临着一场旧事物崩溃与新事物诞生的考验。

在文学方面率先出现了反映战争的作品。德国作家雷马克的小说《西线无战事》从以往的战争俗套中脱颖而出，在同类题材的文学作品中最具典型意义。另有一类作品跃跃欲试，打算为战时的昂扬斗志赋予某种新的含义，比如德国文学巨匠恩斯特·荣格尔的《钢铁风暴》便反映了这种倾向的存在。

有的作家试图从文学和艺术领域跳到政治领域。比如法国作家亨利·巴比塞，与布尔什维克主义产生共鸣，最终在苏联走完了自己的一生。在画家群里也涌现出一批热衷于政治活动的人，比如费尔南·莱热，他竟然娶了一个在举办婚礼当天只身骑车逃到巴黎的乡下姑娘为妻。

战争彻底改变了人们对美的感受。像俄国画家瓦西里·康定斯基那样，在细致描绘现实社会中光影交错的绘画作品中凸显了一种思想："表现大千世界里的平凡和日常生活中的体验，将语言背后的寓意或色彩剖开展示给人们，

ERICH MARIA REMARQUE

Im Westen nichts Neues

Remarques Buch ist das Denkmal
unseres unbekannten Soldaten
Von allen Toten geschrieben

Walter von Molo

《西线无战事》德文第一版封面

这便是艺术所要达到的目的。"① 当时，可以与抽象派作品的盛行相提并论，以杯子、勺子甚至布料等日常生活用品为创作对象的画家也多了起来。活跃在巴黎画坛的有马蒂斯、毕加索、苏丁和莫迪里阿尼，而在德国，主张无政府主义艺术的所谓"达达主义"画风到处蔓延，肆意粉饰资本主义社会的作品比比皆是。

这股文化潮流反映了当时普遍存在的社会心理。大战后的欧洲，传统的伦理道德观迅速瓦解。随着旧体制的崩溃、妇女走上社会，以及弗洛伊德精神分析理论的普及，社会上兴起了性解放运动。身为外交官，同时从事文学创作活动的法国作家保罗·莫朗，在描写第一次世界大战后欧洲社会的著名短篇小说《北欧之夜》中勾勒出这种离经叛道的社会风俗。

一想到自己现在必须这么赤裸裸地突然闯到贵妇人和小姐们中间，我的心就怦怦直跳。我又把房门推开一道缝儿，用彩旗、棕榈竹和空罐串成的长蛇装点起来的花坛上，除了刚才那两个正在聊天的男人，又掺和进来另外一个。我凝神看去，这个男人把自己套在黑色的鲨鱼皮囊里，像

---

① ［英］詹姆斯·焦尔（James Joll）:《欧洲百年史》，池田清日译，东京：MISUZU 书房，第 88 页。

一支钢笔，只露出头来。至于穿条裤衩、裹条毛巾什么的，像我这样新入伙的人，是不允许的。时间在一分一秒地过去。现在，全身一丝不挂的肯定只有我一人。我踮着脚，运足力气，攥紧拳头，屏住呼吸，闯进了屋里。①

莫朗在这里描写的是当时巴黎刚刚兴起的裸体俱乐部。第一次世界大战以后，巴黎塞纳河西岸的布洛涅树林俨然成为男女幽会的场所，管理员也碰到过这种"受羞耻与法律规定的约束，在这里难以启齿的骇人情景"。②

贵族社会瓦解、性解放以及暴发户心理泛滥成灾，致使一代侠盗应运而生。于是，轮到侠盗亚森·罗宾转世的瑟奇·德·伦茨出场了。

瑟奇·德·伦茨和亚森·罗宾一样，在大战爆发前就开始工作，从1918年起成了一个强盗。他酷爱冒险，飞檐走壁，时常在月光如水的夜里突然出现在睡美人的面前，而且让美人觉得自己是在梦里。作案前，他一方面寻欢作乐，一方面为了掩盖自己的犯罪事实，经常出没在蒙马特

---

① ［日］铃木信太郎、渡边一夫编《世界短篇文学全集》（七），《二十世纪法国文学》，东京：集英社，第 174 页。

② ［法］路易·修马里耶（Louis Chevalier）:《欢乐与犯罪的蒙马特尔大道》，河盛好藏日译，东京：文艺春秋，第 532 页。

1920 年代的巴黎圣母院

尔大街的歌舞厅里。这时候的他肯定是带着单片眼镜，新的手套，为漂亮的女郎伴舞。人们还看见他坐在豪华的加长奔驰里飞驰而过，从车窗里向外撒钱。然后，他又换上一身神秘的晚礼服，刚才那副奶油色的新手套又换成了黑色真丝手套。他身上的宝石除了别人供奉的，就是自己偷来的。①

---

① ［法］路易·修马里耶（Louis Chevalier）:《欢乐与犯罪的蒙马特尔大道》，河盛好藏日译，东京：文艺春秋，第 547 页。

人们很难发现周恩来本人对这些现象特别感兴趣或者说关系密切的迹象。周恩来本身就是一个穷学生，而且他所关心的问题不在这里。再说，周恩来当时还没有足够的知识和阅历去理解这个乌烟瘴气的西方社会。话虽这么说，在巴黎生活的日日夜夜，周恩来也会像风吹树木一样，自然而然地承受现实的感染。

尽管没有直接证据，但是有间接证据可以证明，周恩来对巴黎的文化还是有一定兴趣的，并且在某种程度上心存感动。例如1921年的一天，周恩来和当时在中国留学生里具有领袖资格的蔡和森一起来到巴黎圣母院。事后，周恩来在给邓颖超的信中讲述了当时的感想。

我和前辈蔡和森一起爬了几百级石阶，气喘吁吁地来到山顶。那里埋着类似中国魑魅魍魉的怪物。我们在这里眺望暮霭中的巴黎，简直漂亮极了！浅蓝色的塞纳河水缓缓流淌，远方枫丹白露的森林把夕阳衬托得那么美丽，我们不禁用法语大喊："très bien！"①

无独有偶，有趣的是周恩来登过的巴黎圣母院的那座

---

① ［日］西河毅：《周恩来的道路》，东京：德间书店，第55—56页。这句法语是"很好"之意。

塔在十五年后，又迎来了横光利一的小说《旅愁》里的主人公，他也同样沉醉在无限的感慨之中。

乍起的风儿吹来阵阵清爽，眺望着周围的风景，这里恰好是殿堂上方的屋脊，钟楼的底部。每一处栏杆都有怪兽，神态怪异的马、熊、鸟、兔、鹿，等等。容子像个俏皮的孩子，尽情地俯瞰着巴黎的街区。

"来到这儿的，恐怕没有一个是巴黎人。"

盐野心满意足，满心欢喜地说道。周边的风景是他取之不尽的题材，他忙不迭地审视风景的角度。所有的怪兽、栏杆和石柱透着老朽的色斑，上面布满苔藓，有的地方锈迹斑驳，也有的怪兽身上落满了鸽子粪，已经辨不出原来的形状。

……

久慈俯视着从两个方向包围在脚下的塞纳河，还有两岸此起彼伏的巴黎，他无意中发觉自己的姿势和伏在栏杆上的怪兽一样，不禁露出了苦涩的笑容。是啊，用这种怪兽的姿势望着脚下巴黎的每一条街道，想象左翼和右翼疯狂角逐的样子，一种与世隔绝般的心情油然而生，感觉脸上的肌肉也自然而然地松弛了许多。①

---

① [日]横光利一:《旅愁》第二篇，东京：改造社，第167—169页。

周恩来不仅把自己的感慨告诉给了邓颖超，也向留学日本期间的朋友们说过："（巴黎）值得一看的东西太多了。"[1] 他甚至扬言，要请他们到巴黎看看。事实上，周恩来开始留学生活时巴黎的政治和经济并不祥和，战争的余震还在。然而在美术及艺术方面，战后的混乱总算平息下来，文化之花渐渐开放。

　　1921 年 4 月 8 日。蒙帕尔纳斯大街，早已被法国画家苏丁和夏加尔踏破门槛的那家咖啡馆——帕尔纳斯。蒙帕尔纳斯的画家们在这里首次举办了自己的画展。[2] 在画展举办的半年以前，也就是周恩来到达巴黎数月之前的 1920 年 10 月 15 日，"秋季沙龙"活动重启，深受法国人喜爱的日本画家藤田嗣治和妻子费尔南多的作品一起入选，成为巴黎美术界的一桩美谈。藤田曾经赠送给费尔南多一件手工缝制的外套，为了给藤田取暖，费尔南多也毫不吝惜地烧了一把路易十五世时期的座椅，关系如此亲密的俩人结婚以后，他们在巴黎生活的三年时光很快就过去了。

　　巴黎不仅是画家的天堂，也是作家的圣地，尤其是美国作家们趋之若鹜顶礼膜拜的地方。把日本能乐介绍给西

---

① ［日］西河毅：《周恩来的道路》，东京：德间书店，第 157 页。

② ［法］让 - 保尔·克雷斯佩勒（Jean Paul Crespelle）:《蒙帕尔纳斯的赞歌》，佐藤昌日译，东京：美术公论社，1977 年版，第 185 页。

美国作家海明威（1899—1961），1926年出版
《太阳照常升起》

方世界，并且因此而名声大振的美国诗人埃兹拉·庞德、
"20年代巴黎"代表人物的海明威——美国人给巴黎留下
的印象是行动、激动和跃动。20世纪20年代的巴黎，正
处于这么一个"动感时代"。

1920年代初期，法国文豪安德烈·马尔罗在他用书信
体撰写的评论《西方的诱惑》里提起过中国的林（音）写
给法国友人的一封信，信中说道：

向着行动发展的世界行动，必然引发层出不穷的新创

造——依我所见，这里才是欧洲的心脏。①

激荡的欧洲抓住了周恩来的心，给周恩来的内心世界注入了激情和活力。同时，周恩来自己也可能没有意识到，外国留学生身上散发出的某种不可思议的文化气息。漂浮在巴黎上空的所有的文化氛围，让这些异国青年赞叹不已，俄国作家伊利亚·爱伦堡旗帜鲜明地描写了这种氛围，概括了巴黎的魅力和冲击，然后这样写道：

巴黎教给了我许许多多的东西，让我开阔了眼界。有人说她是一座朝气蓬勃的城市，而我却认为巴黎这座城市最懂得什么是悲凉的微笑。巴黎的家家户户懂得，巴黎的诗人们懂得，巴黎姑娘的眼睛也懂得。所谓悲中有喜，喜中有悲。有时候巴黎插上了理想的翅膀，有时候这副翅膀又从巴黎的身上斩落。诚然，当这种情形波及到下一个时代的事件时，巴黎会有不止一次的说话机会，而我当时却没有得出类似的结论。

巴黎教育我，让我富有，让我破落，让我崛起，又把我打翻在地。这一切都很正常，人有一得，必有一失。如

---

① ［法］安德烈·马尔罗：《西方的诱惑》，格拉塞，第 20 页。（Andre Malraux, *La tentation de L'Occident*, Grasset, p.20.）

果领先一步，则意味自己已经永远告别了昨日生命中的喜怒哀乐。[①]

巴黎，你在不知不觉中给了周恩来什么？又从周恩来的内心悄悄夺走了什么？

[①] ［俄］伊利亚·爱伦堡：《我的回想》第一部，木村浩日译，东京：朝日新闻社，第 177 页。

勤工俭学的梦想与现实

无论在政治方面、经济方面还是文化方面，欧洲正闯入一个动荡的时代。生活在巴黎的周恩来，呼吸的正是欧洲的这种浑浊的空气。

然而这毕竟也只是属于精神范畴的一种说辞。现实中每一天，周恩来依靠边做工边学习的"勤工俭学"，过着贫困的留学生活。以周恩来为代表的这个时期来到欧洲留学的学生们，除去部分富裕家庭子弟，大家都在勤工俭学这个项目的壁垒里默默承受着生活带来的压力。

说起勤工俭学这个项目，本来是受革命运动牵连而流亡英国的吴稚晖、替中国驻巴黎大使馆办事的李石曾等人，为了让更多的中国青年体验西欧气氛、汲取外国知识而提出的一种留学对策。北京大学校长蔡元培也是勤工俭学的支持者，可是蔡元培本人看重的是通过留学对青年进行思想教育，为社会改革培养一代中坚力量。

无论从哪个角度看，开拓者们的良苦用心让勤工俭学这个项目在中国深受欢迎。不仅是年轻人，甚至连位居湖南省临时议会副议长的四十三岁的教育家徐特立、年过半

蔡元培（1868—1940），1917 年出任北
京大学校长

百的葛健豪女士（蔡和森之母）也加入到勤工俭学的队伍
里，这似乎是对勤工俭学运动颇具"人气"的最佳诠释。

其实，在这股热潮的背后还有欧洲与中国双方的时局
走向与时代背景。在中国，如何唤醒青年一代，如何引进
新式教育和西欧思想，已经成为改造国家的当务之急。最
便捷的方式就是把中国的年轻人送到国外留学。与此同时，
欧洲大批的工人被驱赶到战场上，导致工厂人手不足的情
况十分严重。接收来自中国的廉价劳动力，正是欧洲求之
不得的一个机遇。欧洲和中国，两种动机的互相重合所形
成的历史背景，将勤工俭学项目簇拥为一场声势浩大的留

第一次世界大战期间赴法中国劳工

学运动。

　　准确地说，勤工俭学运动在欧洲全境涉及了十万以上的中国学生和劳工，其背后除了经济方面的原因，还与中法之间的政治背景有关。

　　第一次世界大战初期，中国由于国内局势混乱没有参战，后来终于在 1917 年 7 月对德国宣战，但也没有到直接出兵的程度。考虑到战后中国的政治处境，中国也有必要表示一下自己的诚意。于是，派遣劳工为法国守护后方助一臂之力，所以此举对于中国来说具有重要的政治意义。勤工俭学这个项目以当时的中国政府为后盾全面铺开，负责与法国方面具体交涉这个项目的核心人物正是中国驻法大使馆的官员，这一史实证明了中法之间的上述政治背景确实存在。

另外，法国方面也有一位热情支持勤工俭学的人士，他就是激进的社会党党首埃里奥。对于当时的法国社会主义者来说，出于所谓的无产阶级国际主义精神，谋求与遥远的远东工人阶级友好合作，一方面正好配合了正面战场抗击敌人的国家要务，另一方面又为社会主义所主张的走出一条与国际主义相结合的道路积累了经验。

据说这些因素叠加在一起，致使 1920 年底来到法国的全国勤工俭学的学生总数达到一千六百人，[①] 除了留学以外，还有或称十二万，[②] 或称二十万 [③] 的劳工远渡重洋来到了法国。

然而，所有的计划在实施中都有可能暴露出一个通病，即意图与落实之间总是存在一定的时间落差。勤工俭学运动也不例外。后来成为中国共产党得力领导人的李立三、赵世炎是 1919 年来到法国的，周恩来在翌年的岁末第一次踏上了法国大地。那时候，战争已经结束，欧洲处于经

---

① 《回忆留法勤工俭学中的赵世炎》，载《五四运动回忆录》，北京：中国社会科学出版社，第 497 页。

② 李璜：《学钝室回忆录》上卷，明报月刊丛书，第 78 页。

③ 《回忆留法勤工俭学中的赵世炎》，载《五四运动回忆录》，北京：中国社会科学出版社，第 501 页。

济萧条的最严重时期。由此看来，中国留学生们遇到的困难格外严重。

当时在欧洲有近百万工人失业，而法国的就业形势尤为严重。法国有许多技术工人都失去了饭碗，更何况那些既没有技术也没有资历的中国劳工了。少数人即使勉强找到工作，不久也陆续遭到了解雇。赵世炎同志也不例外，工作五个月就失业了。[①]

周恩来的遭遇也大抵如此，他在1921年1月写给家乡恩师的信里说："留法界最大问题即勤工生不易寻找工作。"[②]

而实际情况也并非找到工作便可以高枕无忧。中国的学生们大都是临时工，没有固定的劳动场所，每天工作八个小时，而且是汗流浃背的重体力劳动。"每日工作八小时，身体疲劳的恢复即需要长时间休息，更何有读书自修之可言？"[③]周恩来也如此这般地叫苦不迭。

[①]《回忆留法勤工俭学中的赵世炎》，载《五四运动回忆录》，北京：中国社会科学出版社，第496页。

[②] 周恩来与李福景1921年1月25日致严修的信，载《周恩来书信选集》，北京：中央文献出版社，第17页。

[③] 周恩来与李福景1921年1月25日致严修的信，载《周恩来书信选集》，北京：中央文献出版社，第18页。

那么，来自中国的这些苦学生们能够拿到多少工钱呢？综合各种资料[①]来看，在当年的法国，工龄在若干年的工人日薪十七八个法郎，勤杂工是九到十一个法郎，正在学徒的学生也就能拿到五到八个法郎吧。

据说当时蒙帕尔纳斯的画家们如果雇一个模特，按最低三个小时计算需要支付五个法郎，带咖啡的一顿正餐大约需要两法郎。所以学生的工资之低，可想而知。另外，让画家莫迪里阿尼和苏丁闻名于世的那位画商、大名鼎鼎的波兰人兹伯罗乌斯基为了让莫迪里阿尼安心作画，给他一家提供的生活费，据说每天是十五法郎。看来区区八法郎的日薪，恐怕连去咖啡馆坐坐的闲钱都没有。[②]

实际上，中国人靠勤工俭学来法留学的艰苦事例数不胜数。这些原本身强力壮的中国人一到法国，在马赛港上岸后就直接被送往各个目的地。但是，一些因为长时间的海上颠簸而病倒的人被送到医院，那里与其说是医院，不如说是难民营，每人每天只发给一个又硬又难吃的黑面

① 寒山碧：《邓小平评传》第一卷，香港：东西文化事业有限公司，第 65 页。关于这个事实，本书引自朱浩的回忆文章（该书第 65 页注）。另外还有王永祥、孔繁丰、刘品青：《中国共产党旅欧支部史话》，第 100 页；陈志凌、贺扬：《王若飞传》，第 33 页；《回忆留法勤工俭学中的赵世炎》，载《五四运动回忆录》，第 502 页等。

② ［法］让－保尔·克雷斯佩勒（Jean Paul Crespelle）：《蒙帕尔纳斯的赞歌》，佐藤昌日译，东京：美术公论社，1977 年版，第 109 页。

包①，让人难以下咽。

初到巴黎，通常住进办公室兼作宿舍的华侨会馆，学生们被迫住在地下室里，为了避寒，大家睡觉时把从国内带来的衣服全部套在身上。②开始到工厂打工后，要么住在工厂自建的简易房里，要么住进附近的公共住宅。通常是几个人挤在一间小屋里，屋里只有床铺和椅子，有不少人用酒精灯为自己做饭。③为了节省粮食，他们常吃煮土豆。为此，赵世炎还特意作了一首打油诗送给好友，内容是"锅里的土豆要煮熟"什么的，一时间无人不晓，传为笑料。④

在这个时候的留学生里有一位表现非常认真、学业和工作两不误的学生——王若飞，据他回忆，勤工俭学的学生们最典型的一天是这个样子的：

早晨5点起床，5点到6点半学习，6点半喝咖啡，然后去工厂，7点到11点半是上班时间，11点半到12点

① 陈孟熙：《回忆留法勤工俭学前后的陈毅同志》，载《五四运动回忆录》，北京：中国社会科学出版社，第524页。
② 陈孟熙：《回忆留法勤工俭学前后的陈毅同志》，载《五四运动回忆录》，北京：中国社会科学出版社，第525页。
③ 寒山碧：《邓小平评传》第一卷，香港：东西文化事业有限公司，第56页。
④ 《回忆留法勤工俭学中的赵世炎》，载《五四运动回忆录》，北京：中国社会科学出版社，第502页。

半吃午饭，12 点半到下午 1 点学习，下午 1 点到 5 点上班，5 点到 6 点吃晚饭，6 点到 9 点学习，9 点半就寝。[①]

如此看来，勤工俭学的日程相当紧张，而且劳动环境十分恶劣。据王若飞说，他上班的化工厂高温干燥，粉尘弥漫，风一刮，灰尘和汗水混在一起，大家满脸是泥。擦过以后，脸上深一道浅一道的，怪模怪样，而且灰尘堵在鼻孔里，呼吸时必须脸朝天，否则就憋得喘不过气来。[②]

归根结底，所有的劳累和烦恼都集中在勤工和俭学这一对矛盾上。想要认真学习，刻苦钻研，没有钱是不行的；既想上班挣钱，又要满足学习需要，如果提出这样的条件，工厂是不会雇你的——这就是矛盾！周恩来在巴黎的生活走上正轨时，正是勤工俭学运动中的这对矛盾发展到了一触即发的临界点上。周恩来刚住了一两个月，就已经感觉到这个矛盾的存在。

刻苦甚者或能于长期工作五年后，得储有三年之读书费。然中间经五年之荒废，时间、年龄、脑力之损失，不

---

① 王若飞：《圣夏门勤工日记》，《少年世界》第一卷，第十一期；陈志凌、贺扬：《王若飞传》，上海：上海人民出版社，第 32 页有所引用。
② 陈志凌、贺扬：《王若飞传》，上海：上海人民出版社，第 31 页。

知凡几。[①]

在这种矛盾面前，学生们准备起来斗争了。

为了解决勤工俭学中存在的矛盾，留学生之间本来就存在着两种大同小异的看法。以蔡和森为核心的那伙人认为，在推动革命和社会改革向前发展的过程中，最宝贵的是知识，为了学习这些知识，首先应当营造一个能够满足学习需要的环境。另一方的赵世炎等人强调与工人的结合和组织建设的重要性，力争改善工厂劳动环境。

周恩来来到法国不久，1921年2月28日，学生们在蔡和森等人的领导下到巴黎的中国大使馆示威。这次示威活动成为留法中国学生们跻身政治运动的契机。

正当法国的中国留学生们陆陆续续投身社会运动时，周恩来开始了他的巴黎生活。

---

① 周恩来、李福景1921年1月25日致严修的信，载《周恩来书信选集》，北京：中央文献出版社，第18页。

生活与勤俭

周恩来在巴黎的生活与其他参加勤工俭学的学生一样，贫困、节省，却充满朝气。

论食物，他以面包和蔬菜为主，有时候连蔬菜也没有，只是喝一口水，啃一口面包。但他依然谈笑风生，要么和同学一起探讨问题，要么自己伏案读书写作，生活中的周恩来精力非常充沛。五十多年以后，当初的同事、后来为中国人民解放军的现代化建设作出贡献的聂荣臻，在他的回忆文章里对周恩来当年的生活作了生动的描绘。[1] 聂荣臻在这篇回忆文章里写道，周恩来在巴黎居住的戈德弗鲁瓦大街的旅馆，房间也很狭窄，几个人聚在一起说话很不方便，所以这些人就常去附近的咖啡馆。

但是，与列宁和托洛茨基的情形不同，周恩来与巴黎咖啡馆结下的不解之缘并没有散发浪漫的香味，也没有人传说周恩来和中国学生们是蒙帕尔纳斯大街和蒙马特尔大街上那家有名咖啡馆的常客。准确的说法是许芥昱等人撰

---

① 聂荣臻：《学习恩来的优秀品德，继承他的遗愿》，载《不尽的思念》，北京：中央文献出版社，第11页。

写的周恩来传记，据他们记述，周恩来还经常出入供奉法
国学者和艺术家的万神殿旁边的那家咖啡馆，以及巴黎大
学城卡尔切拉丁的一家名叫"帕苏卡尔"的餐馆。周恩来
为了方便与中国同事聚会聊天，常到咖啡馆和小饭馆。关
于周恩来的这些做法听起来让人更容易接受，不像传说中
的那样专门为了做政治工作。当时，周恩来的朋友王若飞
还闹出了这么一个笑话。有一次同志聚会，大家都吵着要
饭吃，可是面包不够，王若飞就主动提出，自己掏钱出去
给大家买面包。这本来是件好事，可是总也不见他回来，
有个同事出去找他，只见他在小咖啡馆里慢悠悠地喝着什
么。[①] 看来中国的留学生偶尔也身不由己地在巴黎咖啡馆里
享受一番。

　　另外，从威尔逊的《周恩来传》里传出这么一件事：
第二次世界大战后，中国新政府驻巴黎的大使馆刚刚落成，
周恩来就立刻把他当年在咖啡馆里赊下的那笔账一次还清
了。这种说法似乎与事实相符。当时作为中国学生们聚集
场所的咖啡馆和小饭馆，好像有老板出于几分侠气，允许
学生们毕业后有了出息再来付钱，[②] 到后来，中共把以前对
这些老板的欠款一律还清，这样做也不足为奇。但是，这

① 陈志凌、贺扬：《王若飞传》，上海：上海人民出版社，第49页。
② 许芥昱：《当代最杰出的政治及外交家：周恩来传》，高山林太郎日译，
　　东京：刀江书院，第38页。

件事情还不足以成为当年周恩来经常出入咖啡馆的证据。况且，周恩来还要在戈德弗鲁瓦旅馆的狭窄房间里看书、写信，外出参加集会活动，走访工厂，而且还经常往返于伦敦、柏林等城市之间。

不过，忙忙碌碌的周恩来也曾在美丽的巴黎街头闲逛。在王若飞的日记里有这么一个片段：黄昏将至的巴黎街头，沐浴在柔和的阳光里，裹在公园散步的人群当中，来到树荫下埋头看书，①周恩来也一定在偌大的巴黎公园和绿树成荫的大街上散过步吧。《周总理的青少年时代》这本中文书也有周恩来参观拿破仑纪念馆，看到纪念馆收集的清朝刀枪宝剑后，对"帝国主义者的强盗行为"②义愤填膺的描述。如果反过来品味这个小故事，便可以证明周恩来有时候也到博物馆和美术馆参观学习。

提起周恩来去咖啡馆和逛街的往事，人们自然会联想到他在法国期间的着装。因为从周恩来在巴黎街头拍的那张有名的照片来看，他的穿戴在学生们中间还算是比较讲究的。的确如此，在那张照片上，周恩来潇洒地站在戈德弗鲁瓦旅馆前，左臂绕到背后，右脚稍微前伸，摆出一副让人拍照的姿势。他穿的裤子稍短，裤腿偏瘦，透出小伙

---

① 陈志凌、贺扬：《王若飞传》，上海：上海人民出版社，第49页。

② 怀恩：《周总理的青少年时代》，成都：四川人民出版社，第139页。

1922 年 9 月，周恩来在戈德弗鲁瓦旅馆前

子特有的那股子帅气。[1]但是，如果细看这张照片，上衣有不少皱褶，算不上是时髦的西装。还有那条偏瘦的裤子，如果道出背后的实情，这似乎是他唯一的一身像样的正装，洗来洗去，结果裤腿缩水了。[2]周恩来并不具备打扮自己的经济条件，而且他本来也不是那种讲究穿戴的人。其证据是他与邓小平、李富春等人的那张合影。看看这张同样有名的照片，后排的邓小平一头长发，颇有画家风度。还

---

① 中国历史博物馆编《纪念周恩来总理——文物选编》，林芳日译，东方堂，第 20 页。

② 方钜成、姜桂侬：《周恩来传略》，北京：人民出版社、外文出版社，第 23 页。

1924 年 7 月，出席旅欧中国共产主义青年团第五次代表大会的代表在法国巴黎合影。前排左数第四位是周恩来，第一位是聂荣臻，第六位是李富春，后排右数第三位是邓小平

有那位后来与周恩来一起成为中共领导干部的李富春，他坐在周恩来不远处，将一顶软礼帽放在膝盖上，看上去比周恩来更加"西化"。而周恩来面容清秀，姿势端庄，一副不苟言笑的绅士派头。

关于周恩来在巴黎的生活，还有一些"神话"值得介绍。其中之一是周恩来一边刻苦学习，一边在位于比央古的雷诺公司工厂里做工。直到最近，几乎所有涉及周恩来的传记和读物都把周恩来在雷诺工厂做工的说法视为当然。中国大陆出版的传记中有一本邓小平题字的《周恩来传》也是这么说的，"在两年多的时间里，周恩来住在巴

1921年，邓小平在法国

邓小平（邓希贤）在施耐德工厂的档案卡。工厂档案密码62175

黎南城意大利广场附近的戈德弗鲁瓦旅馆，有时候去雷诺汽车厂做工。"[1]

然而如果阅其细节，便会发现周恩来在雷诺工厂做工的这部分记述，互相之间也略有出入。

司马长风的《周恩来评传》是这么写的：经人介绍，他和来自湖南省的李立三一起去了雷诺铁工厂。

许芥昱的《当代最杰出的政治及外交家：周恩来传》

---

[1] 方钜成、姜桂侬：《周恩来传略》，北京：人民出版社、外文出版社，第23页。

里说：周恩来身穿工作服，让人差点误以为是比央古的雷诺汽车厂的雇员。[1]

李天民的《周恩来》里说：周恩来和李立三一起去的不是雷诺的工厂，而是在另外一家工厂里做工。[2]

究竟为什么会出现如此混乱的说法呢？

关于周恩来的书里大都写到周恩来要么和邓小平，要么和李立三一起去铁工厂或雷诺汽车厂上班，这是第一个混乱之处。根据李立三本人回忆，他到法国铁工厂做工是1920年，周恩来在巴黎定居则是在第二年的2月，日期上有误差。[3]还有邓小平，他当时的确在巴黎住过一段时间，可是据说他上班的地方不是雷诺工厂，而是某个铁工厂，况且邓小平没过多久便移居到巴黎以南一百公里远的蒙达尔纪。[4]

假设周恩来和李立三、邓小平在同一时期、同一工厂工作过，那么，他们本人或者他们的哪位朋友，肯定会把这段历史讲得头头是道，一清二楚。遗憾的是，在江泽民

① 许芥昱：《当代最杰出的政治及外交家：周恩来传》，高山林太郎日译，东京：刀江书院，第39页。
② 李天民：《周恩来》，桑原寿二日译，实业之世界社，第44页。
③ 唐纯良：《李立三传》，中村三登志日译，东京：论创社。
④ 寒山碧：《邓小平评传》第一卷，香港：东西文化事业有限公司，第53页，第65页注三。

等人的回忆文章①里也都没有留下周恩来和其他（后来的）党和国家领导人一起在巴黎同一家工厂里做工的明确记录。绝无仅有的一点记载，出现在那部著名的《中国共产党旅欧支部史话》里，这本书详细考察了中国学生赴法留学的实际情况。②

　　勤工俭学的学生们分散在巴黎、里昂、卡鲁索等地一百多个工厂里做工……周恩来、聂荣臻、何长工等人参观过雷诺汽车厂，还作为一名工人做过工……赵世炎、邓小平、陈毅、李立三等人当过铁工厂的工人。

　　我大致看了一遍这篇文章，留下的印象是周恩来似乎和其他几位同事一起在雷诺工厂打过工。但是，待我仔细拜读之后才明白，他们也许只是一起参观过这家工厂。

　　总之，这篇文章只是说周恩来也许在雷诺工厂工作过，或者参观过，并没有确定周恩来曾经受雇于雷诺工厂并且在这家工厂里打过工。

　　事实上也有一位中国人证明，自己和周恩来一起在雷

① 江泽民：《留法、比勤工俭学的回忆》，载《赴法勤工俭学运动史料》第三卷，北京：北京出版社。
② 王永祥、孔繁丰、刘品青：《中国共产党旅欧支部史话》，北京：中国青年出版社，第123页。

诺工厂做过工。① 但是，结合这个人对其他情况的论述，综合考虑，他这份证言的可信度很值得怀疑。② 说出来令人咋舌，因为这个中国人还说，这个时期，周恩来每月可以从共产国际那里领到二千五百法郎的津贴。在那个年代，大画家莫迪里阿尼全家每天的生活费也只有十五法郎，而且还基本满足了生活需要。而一个中国的穷学生，不管他做的是什么政治工作，竟然有这么一大笔钱供自己使用？再说，假如周恩来真有资格随便动用这一大笔钱，他也就没有必要特意跑到雷诺工厂做工了。更何况，据后来与周恩来座谈过的有关人士说，周恩来否定了法国媒体关于他曾经在雷诺工厂工作过的报道。③

如果把这些情况都综合在一起加以分析的话，我们是不是可以这么认为，周恩来也许走访过这位朋友，或者以顺便参观的形式去过雷诺工厂，但并没有在那里工作过。事实上，1989 年 2 月，北京的中央文献出版社出版的最为全面的《周恩来传》，也排除了周恩来作为员工在这家工厂里做工的说法。④

---

① ［英］迪克·威尔逊:《周恩来传》，第 317 页。
② ［英］迪克·威尔逊:《周恩来传》，第 316–317 页。
③ ［法］K.S. 卡罗尔:《中国，另一种共产主义》，海涅曼，伦敦，1967 年。(K. S. Karol, *China the Other Communism*, Heinemann, London, 1967.)
④ 中共中央文献研究室编《周恩来传》，北京：中央文献出版社，第 56 页。

严修（1860—1929），字范孙，南开学校、南
开大学创办人之一

　　周恩来是否在雷诺工厂做过工这件事之所以成为问题
的焦点，无非是这个问题牵扯到周恩来在巴黎的经济状况。
那么，周恩来在巴黎生活的时候，他的生活费和学费是从
哪里来的呢？

　　中日战争时期，美国记者埃德加·斯诺在中国共产党
的根据地延安，和许多干部共同生活，据他介绍，周恩来
本人曾经说过，他接受过南开大学校长严修、朋友和校友
的资助。[①]周恩来到欧洲以后，在巴黎刚一落脚，就立刻

---

①［美］埃德加·斯诺：《红星照耀中国》增补版，松冈洋子日译，东京：
　筑摩书房。

给严修写信，向他汇报自己的生活情况，尤其是经济状况。[1] 这一史实印证了周恩来在这一时期的生活情况。

看到这封信的末尾便可以发现，当时，周恩来也许对公费留学还抱有一线希望。[2] 但是，他是个现实主义者，不甘心向命运屈服。周恩来觉得自己即便得不到公费的资助，也有办法在法国生活，他可以按照约定为家乡报纸翻译文章，撰写通讯，以此维持生计。于是，周恩来给常驻欧洲的中国学生总监和江苏省教育长写了信，申请公费留学，[3] 同时给天津《益世报》投稿，从报社那里赚取一些稿费。从 1921 年到次年 3 月期间，周恩来投稿的通讯约有五十篇，达二十万字。[4] 通讯内容是欧洲的政治形势和劳动条件，中国学生的生活状况及开展的活动。

顺便指出，周恩来在一年时间里投出的稿件达数十篇之多，这本身暗示着周恩来这个人也有其复杂的一面。他不断给家乡读者发去通讯文章，目的是让自己在心理上得到一定的满足，因为这样做意味着自己虽然一只脚落在欧洲文明上，另一只脚却依然坚定地踏在故乡中国的土地上。

---

① 《周恩来书信选集》，北京：中央文献出版社，第 17 页。
② 《周恩来书信选集》，北京：中央文献出版社，第 20 页。
③ 《周恩来书信选集》，北京：中央文献出版社，第 28 页。
④ 聂荣臻：《学习恩来的优秀品德，继承他的遗愿》，载《不尽的思念》，北京：中央文献出版社，第 8 页。

换句话说，周恩来并没有成为欧洲文明的俘虏，经常保持一定的距离，努力做到冷静客观地看待欧洲文明。

这件事情的意义还在于它证明了周恩来在谋生与学习、现实与理念、理论与实践的互相结合上的表现非常出色。他在思考和学习的同时不忘赚钱糊口，而且一边参加当地开展的学生运动，一边以旁观者的姿态传递出中国学生的信息。在这个方面，周恩来特有的优势得到了充分的发挥。

在这个时期，与周恩来的经济状况有关而且备受人们争议的问题，集中在他有没有接受过共产国际的资助上。

关于这个问题，有几个人发表过疑似证词，而这类证据或者证词常见于那些从不同角度对中国共产党持反对态度的文章里，甚至有人捏造共产党的党员每月有七百卢布（约合三千五百法郎）的津贴。[1] 还有人证明自己曾经每月领取过五百卢布。[2] 更有甚者，公然声称共产国际每月为周恩来支付三百法郎的学费。[3]

除了这些属于另类的居心叵测的证词，还有若干例疑似证据。比如说周恩来住在巴黎的时候，有一位在德国柏

----

① 李璜：《学钝室回忆录》上卷，明报月刊丛书，第159页。
② ［英］迪克·威尔逊：《周恩来传》，第316页。
③ 朱尔斯·阿查尔：《周恩来》，霍桑图书，1973年版，第14页。（Jules Archer, *chou Enlai*, Hawthorne Books, 1973, p.14.）

林与周恩来见过面的朋友，后来来到巴黎看见周恩来下榻的旅馆相当干净，便作出了周恩来肯定接受了共产国际资助的判断。[1] 还有人说，第三国际的著名理论家季米特洛夫对周恩来的评价比陈独秀还高。[2] 从不同立场发出的这类信息也有可能被某些人利用，作为周恩来和他的同事们从共产国际接受过资助的旁证。

但是，如果对这类证词或者信息仔细分析的话，难以得出周恩来从共产国际直接得到过金钱资助的结论。比如二千法郎、三千法郎这些数字，相当于当时法国工人近半年的工资，如果说成是针对整个组织的资助，还比较靠谱，但是作为针对个人的资助，无论如何也是说不通的。还有，即便这些资金是交给中国共产党在法国的整个党组织的，那么，在留法的中国学生中间最终成立起党组织的时间是在 1922 年夏天以后，组织对组织的援助也不会早于这个时期，更何况周恩来到了法国以后，有相当长的一段实践活动与上述时期并不吻合。

再者，即使周恩来在柏林住的旅馆较有档次，那也不值得大惊小怪。因为当时德国正处于通货膨胀最为严重的时期，即便是一个穷学生，只要手里攥着外币也能租到像

---

① 李天民：《周恩来》，桑原寿二日译，东京：实业之世界社，第41页。
② ［日］西河毅：《周恩来的道路》，东京：德间书店，第65页。

样的房子。

总而言之，周恩来除了给家乡报纸发稿略有收入，主要依靠朋友和校友的帮助维持他在巴黎的生活。假如通过共产国际和党组织，多少有点政治活动经费能够分到周恩来的手里，那也仅限于他在巴黎居住的后半期，而且是与周恩来个人生活不可相提并论的另外一回事。

综上所述，关于周恩来的经济状况，结合刚才提到的埃德加·斯诺传递的他与周恩来本人会面的事实，我们是不是可以参考如下的概括。

对于在法中国留学生的资助主要是华法教育会和蔡元培、李石曾提供的。"许多年长的爱国人士毫无个人政治野心，向我们这些学生们伸出了援助之手。"周恩来如是说。周恩来在法国生活期间，在经济上帮助过他的是南开大学创始人严范孙……，除了一对一地学了一年法语，周恩来把精力集中在了政治活动上。据周恩来说：后来有朋友说我是花严先生的钱当上共产主义者的，严先生的回应是一句中国成语——人各有志。[1]

---

① [美] 埃德加·斯诺:《红星照耀中国》增补版，松冈洋子日译，东京：筑摩书房，第 37 页。

周恩来在巴黎的生活确实困难，但也没有穷到为了挣钱每天八小时汗流浃背搬运钢筋铁板的地步。有人接济，是周恩来与其他勤工俭学学生的不同之处，但他依然清贫。如果说周恩来几乎没有感受到周围存在的贫困压力，其根本原因并不在于周恩来比其他学生条件优越，而是他从不计较，没有把贫困当作贫困来对待。这会不会是因为周恩来具有令人捉摸不透的品德和与众不同的乐观情绪呢？

恋在欧洲

有一种氛围总是萦绕在周恩来身旁，让他感受不到贫困的可悲。这种氛围或许是他待人的温情，或许是他坚毅的领导风范，又或许是他的人格魅力。

然而，周恩来的性情在一部分人看来却多少有些"小资"情调。尤其是再把周恩来在欧洲的留学生活联系在一起，有些故事里便出现了过分强调这种所谓"小资"情调的倾向。故事之一与周恩来的形象有关。据这个故事讲，周恩来喜欢照相，还把照片制成明信片，分送给家乡的父老兄弟，寄给了在日本留学时帮助过他的一位韩姓朋友。

周恩来称得上一表人才，明信片寄出的地点又是魅力四溅的花都巴黎，加之明信片上巴黎的良辰美景，于是，一些人借题发挥，把这件事用作证据，来证明巴黎的繁华让周恩来经常沉醉在小资产阶级的梦幻之中。①

---

① 例如，威尔逊的《周恩来传》；司马长风：《周恩来评传》，竹内实日译，太平出版社，第 72 页等。

1922 年，周恩来在柏林留影，照片上有他的英文签名

这件事散见于各种书籍里，我寻其根源，结果在一本书里找到了。这本书就是何长工的《勤工俭学生活回忆》。何长工在中共夺取政权之后担任过重工业部的一把手，他绝对不是那种故意抹黑周恩来的人，所以讲述这件事的时候不可能有夸张或歪曲的企图。新中国成立后，一些别有用心的人旧话重提，把党员出身与思想问题联系起来，歪曲这个故事的原意，上纲上线，到处宣扬。

周恩来把自己的照片制作成明信片寄给了家乡的亲戚朋友。这段往事如果心平气和地分析，它所要表现的无非是周恩来的思乡情绪。一个远在欧洲、独自生活的东方青年，没有沉溺于欧洲的梦想和诱惑之中，用这么个小游戏既哄自己开心，又把自己的心和养育自己的故乡紧紧拴在一起。

周恩来的心既没有让花都巴黎的生活搅起"小资"波澜，更没有让"小资"情绪泛滥成灾。他的心灵并没有重蹈许多东方青年的覆辙。在巴黎，周恩来离开了亲朋，离开了老师，离开了老乡们。他主动接近勤工俭学旗帜下艰苦奋斗的学生，与那些和学生一起干活的当地工友打成一片，而且还密切关注横在贫富差别背后的阶级、政治和经济问题。

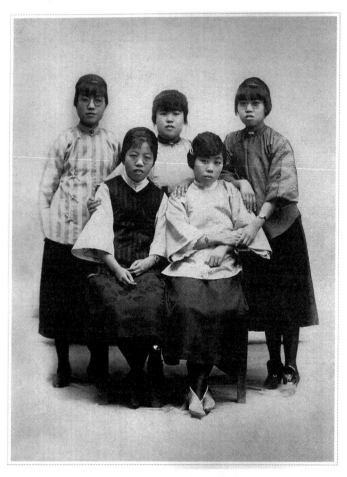

1924年12月，以邓颖超为首，成立天津妇女国民会议促成会，号召广大妇女团结起来，打倒军阀统一中国，拥护国民会议的召开。这是该会部分成员合影。前排左为邓颖超

周恩来为什么能够做到这一点？因为面对那些让感情丰富的青年最容易陷入的社会圈套，周恩来无动于衷。是什么力量唤醒了周恩来的阶级意识，让他下定决心为共产主义使命贡献力量的呢？反过来说，答案之一就是因为他身上没有所谓的"小资"情调。纵观周恩来的人生道路，解读发生在那张照片里的故事，此时此刻，不必纠结于周恩来的"小资情调"，我们难道不应该把照片里的故事作为证据，永远记住周恩来为什么没有掉进欧洲的大染缸里，又是如何为祖国献身的吗？

　　说到这里，欧洲的另一种诱惑又理所当然地冒了出来。这就是女性问题。

　　说起周恩来在法国留学期间与女性的关系，不免让一些好事者扫兴了。首先必须提到一位女性，她既不是法国人，也不是德国人，而是周恩来的老乡——邓颖超。

　　周恩来和邓颖超经常通信，而且似乎是半公开的。因为上文提到的何长工，[1] 还有周恩来在柏林逗留期间来旅馆看他的那位同事，[2] 似乎都知道他们两人互相写信的事。

---

① 何长工：《勤工俭学回忆录》，第 56 页（本部分日文翻译为西河毅）。
② 许芥昱：《当代最杰出的政治及外交家：周恩来传》，高山林太郎日译，东京：刀江书院，第 39 页。

1925 年 8 月，新婚燕尔的周恩来与邓颖超

但是，我之所以说周恩来和邓颖超的书信往来是半公开的，反过来说，至少可以说明他们俩当初还没有坠入情网。书信往来、时光流逝、遥远的距离，反而让他们俩的关系越来越深。

这里值得一提的是，周恩来刚到法国的时候，邓颖超才十六岁，刚从师范学校毕业走上学校的讲台。与此同时，周恩来也正在努力让自己适应巴黎的生活。换句话说，周恩来在欧洲步入了新的征途，此时此刻的邓颖超也在中国开始了自己的新生活。自强不息的青年志向，共产主义思想的熏陶，更重要的是履行自己使命的思想觉悟，把天各一方的两个人紧紧联系在一起。

看过当时周恩来写给邓颖超的信，给人印象最深的是他们对革命思想的认识。例如，周恩来在写给邓颖超的名为《德法问题与革命》报告中说："资本主义一天不打倒……帝国主义的混战永不会消灭，欧乱方兴未艾，所可希望的只是俄国。"读这份报告，足以让人感受到周恩来特有的那份炽热情感，他将自己的经验教训毫无保留地告诉给挚友邓颖超，从而觅得自己的知音。

还是在这一时期，同样是写给邓颖超的信，周恩来讲述了投身长沙大罢工后壮烈牺牲的黄爱。这封信还表现了周恩来微妙的心态①，他一方面对意志坚定、宁肯放弃生命也不辱使命的朋友表示惋惜，一方面请远在家乡的朋友邓颖超为他分忧解愁，想以这封信来麻醉自己，同时又激励自己奋发图强。恋爱离不开孤独，更需要共识。周恩来在巴黎开始了新的生活，伴之而来的孤独，还有对革命思想的共识，为他们两人埋下了爱情的种子。

对周恩来和邓颖超在此期间的恋爱经过一知半解的人，往往听风就是雨，从而造成的误解十分荒唐可笑，甚至还冒出过这么一种说法。周恩来之所以在欧洲期间没有打过其他女人的主意，是因为恋人邓颖超爱吃醋，周恩来怕她嫉妒。这种说法是一个不折不扣的误解。周恩来离开中国到法国留学的时候，他和邓颖超的关系还没有发展到海誓山盟的地步。另外，当时邓颖超所在的党组织非常活跃，她根本没有时间沉湎于恋爱。

不管怎么说，周恩来和邓颖超在周恩来留洋之前既没有订婚，也没有为将来许诺。所以长期以来坊间才流传着这么一种看法，认为周恩来在巴黎期间和当地女性有染。

① 王永祥、孔繁丰、刘品青：《中国共产党旅欧支部史话》，北京：中国青年出版社，第160–161页；又，《德国问题与革命》，载《新民意报》副刊《觉邮》第一期，1923年4月6日；又，《伍的誓词》，同前第二期，1923年4月15日。

1954 年，德国一家杂志《明星周刊》报道称[1]，一位德国女性与周恩来有关，两人生有一子。这个段子在很长一段时间里广泛流传，人们对这件事半信半疑。据《明星周刊》透露，周恩来在德国的哥廷根与一位德国女性同居，两人生有一个男孩，周恩来回国后，这位德国女性便和其他男人结了婚。当时她与周恩来生下的孩子名叫格诺·周，长大成人后，在第二次世界大战中参军阵亡。但是，据说格诺·周留下一个儿子，名叫韦尔弗雷德·周，住在东德。

《明星周刊》的这篇报道本来就是一种戏说，比如说阵亡前的格诺·周先是负伤，一只眼失明，安装的义眼还不是天生的褐色，而是蓝的，令人捧腹。报道里插入了这么一段传闻，这件事就更容易在世上流传了。如果这篇报道的内容属实，那么，与周恩来有血脉关系的这个孙子还应该住在德国。加之周恩来和邓颖超夫妇本来就没有孩子，作为周恩来唯一的后代，足以引起人们的关注。

这个戏剧色彩非常浓厚的故事刚一出笼便露出不少破绽。虽说周恩来经常往来于柏林和巴黎之间，却没有留下在哥廷根长时间居住的任何记录，而且这个故事的具体情节也于理不通。到了 1976 年，德国有位研究者终于把这

_____

[1] 1954 年 9 月 4 日，《朝日新闻》"海外话题"。

件事调查清楚了，原来《明星周刊》搞错了当事者的姓名和发音，在哥廷根与那位德国女性同居的中国人不是周恩来，完全是另外一个人。[①]从此，有关这个"世纪流言"的真伪之争便销声匿迹了。

《明星周刊》这篇报道出现的一些流言，从侧面反映了周恩来的人物性格，那就是周恩来对于自己的往事，包括年轻时发生在异国他乡的事，总是闭口不谈。实际上，连这种严重失实的假新闻，在其流传的二十年间也没有人站出来公开否定。这一方面说明了在个人历史常被政敌利用的政治圈子里，这样做或许也可以看作是周恩来的一种处世哲学。

然而，这些流言蜚语毕竟不值得一提。周恩来之所以没有在欧洲留下任何浪漫的痕迹，只能缘于他把青春的热情与浪漫都献给了政治运动和革命事业。青年周恩来把自己的青春献给了革命事业，而且是毫无保留的。革命需要这些充满浪漫激情的青年。

把自己的梦想寄托在国家的未来上，为了浪漫的革命事业，将个人的浪漫萌芽捻得粉碎，在今天已经获得自由解放的人们眼里，这种思想境界也许是不可思议的，甚至

---

① ［英］迪克·威尔逊:《周恩来传》，第317页。

是难以置信的。然而，有许多的人的确舍弃了个人的花前月下，把自己的一生交给国家和民族的未来。比如明治初期建设现代化日本的时候，有不少人就是这么做的。森鸥外的名作《舞姬》的主人公便是一个极好的例子。

德国舞姬爱丽丝，用今天的话说，就是歌舞厅里的普通舞女，对日本留学生太田来说，她不单是逢场作戏的情人，还是他对欧洲的幻想和憧憬的象征，从这个层面上来讲，太田对爱丽丝的恋情也是对欧洲的迷恋。给这场熊熊燃烧的爱情之火泼了一盆冷水的是太田在欧洲参观时遇到的日本政府高官天方伯爵，他让青年太田的心回归了"日本"。爱惜人才的天方大臣从别人那里了解到青年太田的雄心壮志，便在私下里说服太田："不想和我一起回到东方吗？"这时，青年态度坚决地回答："愿意为您效劳！"一位国家重臣亲手把一个留学生从醉生梦死中唤醒，把他从象征欧洲的迷人舞姬手里解救出来，这件事本身就极富象征意义。把青年的心带回日本，让他与日本同呼吸，共命运，表现了天方大臣对明治时期的日本、对国家的忠诚，以及为国家尽力的使命感。

诚然，周恩来对国家的赤胆忠心是无可辩驳的事实，对欧洲的向往也不是他的浪漫性格所决定的，因为他既不是文学家，也不是诗人，更不是画家。

从某种意义上说，诗歌和文学把梦的面纱披在了现实的身上，让现实变得更加可悲或者更加美丽。周恩来的用心是通过政治的力量让现实更加逼真。如果说毛泽东的革命思想富有一定的诗意，那么，周恩来的为人则非常务实。周恩来没有把自己的浪漫之梦留在欧洲，反而把革命理想从欧洲带回到中国。周恩来的使命也是周恩来的梦想。

第三章　革命思想的形成

革命热情

周恩来在欧洲留学期间并没有沉湎于欧洲的浪漫，向往革命的热情始终不减，因为他在前往欧洲之前就已经决心投身于社会革命。

换个角度来说，周恩来的革命热情是他自幼一点一滴地聚合而成的。那么，他的这份革命热情是以什么形式，又是从什么时候开始萌生的呢？这个问题说起来比较复杂。

从周恩来的具体情况来看，目前没有线索可以证明周恩来对传统封建礼教和现存社会制度的抵触情绪和逆反心理在他幼小的心灵里扎下了根。在这一点上，毛泽东幼年时期的表现与周恩来形成了鲜明对照。据说毛泽东在十岁的时候，有一次，父亲当着客人的面对他发脾气，说他好吃懒做。毛泽东不服，和父亲顶嘴，而且一怒之下从家里跑了出来。母亲慌忙追了出去，他甚至对母亲大吵大闹：如果父亲敢打我，我就跳河。①另外，同在这个时期，毛泽东对于私塾老师的体罚也敢于反抗，有一次他竟逃学三

---

① 陈志让（Jerome Tsien）:《毛泽东》，德田教之日译，东京：筑摩书房，第 26 页。

天，在家的附近闲逛，其反抗之心，由此可见。①

　　相比之下，周恩来四岁左右生母就去世了（编注：周恩来九岁时生母去世，十岁时嗣母去世），随后便被亲戚收养。无论从哪个方面看，周恩来从小就是一个既能看懂别人脸色，又知道孝敬父母的好孩子。

　　周恩来的这种"教养"与他生长的家庭不无关系。周恩来的祖上既是手眼通天的名门望族，又是与群儒往来的书香门第。周恩来绝不是普通的工农子弟，这一点在若干年后，几乎成了他被批判为资产阶级分子的根据之一。而在这方面，毛泽东与周恩来截然不同。尽管毛泽东的家庭不属于贫农，但是，据说毛泽东在家乡时，从五岁开始就必须到田间干活，除草放牛。同在这个年龄段上，周恩来已经把古诗背得滚瓜烂熟。②

　　无论如何，我们也很难把周恩来的革命热情说成是与生俱来的一种气质，或者是幼年成长过程中与体质有关的脾气秉性。人们几乎不可能从周恩来身上找到叛逆、贪婪、仇恨和嫉妒之类的习气。

　　再者，也不能说周恩来的家庭环境丝毫没有把周恩来培养为革命家的因素。比如说，周恩来生活在一个开始没

---

① 陈志让（Jerome Tsien）：《毛泽东》，德田教之日译，东京：筑摩书房，第 26 页。

② 方钜成、姜桂侬：《周恩来传略》，北京：人民出版社、外文出版社，第 19 页。

周恩来的曾祖周樵水

落的传统家庭里，这种家境与周恩来对家庭缺乏感情有着直接关系。鲁迅在回顾自己少年时代的时候曾说过一番话，大意是我的祖父虽然为官，但是到了父亲这一辈，家里就穷了。也就是说，鲁迅从小生活在一个破落而传统的家庭里，应当感谢生活的贫困，因为是它让他变得更加懂事。周恩来的少年时代在某种意义上与鲁迅相似。他们都没有充分享受到旧体制的好处，反而在封建体制中目睹了家庭的破落。于是，他们愿意站出来为推翻封建制度助力。

另外，周恩来身为一个"落魄者"，他能够理解和同情弱势群体和孤苦伶仃的人。周恩来还在上小学的时候，

周家长房第一位举人、周恩来二伯父周龢鼐

周恩来四伯父周贻赓（曼青）

常去舅舅龚荫荪家里玩。有一次，他正好看见舅舅家原来的女佣又回来了，便恳求舅舅继续雇她。原来她被吸鸦片的父亲卖给了一个财主做妾，不堪忍受财主的虐待才逃了出来。这个女佣的遭遇，简直和巴金在小说《家》里描写的那个辛辛苦苦干了七年，嫁给一个老头为妾，最终苦不堪言跳湖自尽的使唤丫头鸣凤一模一样。龚家的老夫人也和《家》里的老太太一样善良，她对那个女佣说，这都是命啊，算啦，还是回到你家老爷那里去吧！周恩来听到后坚决地说：应该把她留下来，如果那个老头敢找上门来，我就把他撵走！据说周恩来的这个主意把他舅舅吓了一跳。①

从当年周恩来的处境和年龄来看，他的这些话尽管可以证明他对整个社会怀有叛逆心理，但是人们更应该记住的恐怕是，周恩来从小就有一颗保护弱者的善心。传统家庭的没落遭遇以及对弱者的共鸣和同情心，让周恩来萌生出改造社会的念头。这件事即便属实，那种认为他的家庭要把周恩来培养成为革命家的看法也有牵强附会之嫌。因为一个出生在破落家庭里的人，想得最多的应该是自己如何出人头地，重振家业，耀祖光宗，而不是当一个革命家。

---

① 苏叔阳:《大地的儿子——周恩来的故事》，竹内实日译，东京：SAIMARU 出版会，第18–19页。

周恩来生母万冬儿画像

周恩来父亲周贻能（劭纲、懋臣）

1912 年，周恩来在沈阳读书时留影

周恩来之所以没有在封建礼教中走出一条出人头地的道路，首先是因为他虽然不是一个聪明绝顶的秀才，但是他从小就有机会接触到自由思想和各种社会思潮。其次是周恩来在十二三岁的时候，沈阳的学校有一位名叫高亦吾的老师给他上过课。高老师给学生们讲过许多人为了推翻清朝统治而奋不顾身的故事，故事里包含的拯救中国、拯救民族的思想，被渐渐灌输到周恩来的脑子里。[①]

　　不久，周恩来考进了南开中学。这所中学的校风在当时是比较自由开放的，周恩来有机会了解到卢梭和孟德斯鸠的大名。[②] 在南开中学，周恩来和几位同学一起成立了学生会，还将自己的进步思想发表在会刊《敬业》的专栏里。

　　但是，周恩来真正有机会直接接触社会革命思想，尤其是马克思主义，是他从1917年起大约一年半的旅日期间（其间中断两个月）。这意味着周恩来迎来的人生和思想的重大转折时期，与他旅居日本时期是重合的。从1917年10月到第二年7月，周恩来在日本逗留过，为的是参加第一高中的入学考试。考试落榜后，他在当年9月再次来到日本，这次在日本的生活持续到了1919年4月。

　　周恩来之所以参加第一高中的入学考试，是因为当时

---

① 苏叔阳：《大地的儿子——周恩来的故事》，竹内实日译，东京：SAIMARU 出版会，第23页。
② 《怀念周恩来》，北京：人民出版社，第225页。

中国政府与日本政府有个约定，凡是报考第一高中和师范学校等五所高中的中国留学生，一律由中国政府公费派遣。①周恩来在东京短暂停留后，在韩先生夫妇的帮助下住到了京都。韩先生主张通过德国式的强权政府实现重建中国的目标，而周恩来认为中国的病根在于封建主义的社会结构，如果不解决中国社会的这个根本问题，拯救中国就是一句空话。②

周恩来与韩先生的意见分歧应该是显而易见的事实。但是，周恩来在这个时期还不是共产主义者，他至多是一个民族主义者。为了反对日本政府让中国政府出兵西伯利亚的要求，周恩来他们组织了游行示威活动，当时的青年学生凭借的不是革命思想，是满腔的爱国热情把他们团结在了一起。那种认为周恩来在这个时期已经"开始转变为马克思主义者"③的说法值得商榷。有关周恩来的许多传记都在相传，说周恩来读过京都大学河上肇博士主编的杂志《社会问题研究》，并从中接触到了共产主义思想④。如果说周恩来在京都有机会看到这本杂志，或者在与朋友们的聊

---

①《怀念周恩来》，北京：人民出版社，第228页。

② 司马长风：《周恩来评传》，竹内实日译，太平出版社，第41页。

③ 苏叔阳：《大地的儿子——周恩来的故事》，竹内实日译，东京：SAIMARU出版会，第32页。

④ 例如，司马长风：《周恩来评传》，竹内实日译，太平出版社，第44页。

天中谈及共产主义思想，也不是没有可能。周恩来到达日本时，正好是俄国革命爆发的日子，也是青年之间对社会主义思想非常关心的时候，但是，有人用各种材料证明周恩来在这个时候对共产主义思想产生强烈共鸣，突然变成了一个马克思主义者，我认为这个结论是站不住脚的。

河上肇的《社会问题研究》创刊于 1919 年 1 月，周恩来在创刊三个月之后的 4 月便离开了日本。批评罗伯特·欧文，介绍马克思主义经济学和唯物史观的文章，最早出现在河上肇著作里是在 1920 年以后。[1] 另外，在中国，马克思主义的先驱、赫赫有名的李大钊发表《庶民的胜利》和《布尔什维主义的胜利》这两篇文章的时间是 1918 年 10 月。一个忙着复习功课准备考试，还要参加学生运动的小青年，与中国泰斗级知识分子在同一时期成为马克思主义者，这也太不可思议了吧。就连中国共产党成立之初的最高领袖陈独秀，到了 1919 年 4 月才将自己对十月革命的看法从原来的"俄国革命利用平民摧毁中流社会，对此表示反对"，转变为"朝着人类社会变革迈出的关键一步"[2]。毛泽东也是如此，用他自己的话说，1920 年夏天以

---

① [日] 河上肇：《自叙传》，东京：世界评论社，第 159-160 页。
② 唐宝林、林茂生：《陈独秀年谱（1879—1942）》，上海：上海人民出版社，第 98 页。

1918 年初，周恩来在日本

后，他可以算是一个马克思主义者了。[①]

1917 年到 1919 年的日本，巨大的变革浪潮此起彼伏。周恩来在日本收获的不在于理论和思想，而是一种政治嗅觉或者对时代潮流的认知。

1917 年的日本处于所谓的"无党派内阁"时期。当时，日本在寺内内阁的领导下一方面扩军备战，另一方面压缩财政开支，外交上一味采取强硬政策。然而，所谓的"大正民主"势力却反其道而行之，在日本政局中不断兴

①［美］埃德加·斯诺：《红星照耀中国》增补版，松冈洋子日译，东京：
　筑摩书房，第 106 页。

风作浪。第一次世界大战爆发后不久，各派政治势力顺应国内经济复苏以及参战的需要，开始朝着同一个方向统一行动。于是，对内对外推行强硬政策的"无党派内阁"在民众政治诉求中应运而生。在外交方面，寺内内阁悍然出兵西伯利亚，在中国大陆支持北洋军阀，与支持南方革命派的美国抗衡。

但是，日本被一时的"经济热"和对外扩张的胜利冲昏了头脑，国内矛盾开始激化。急剧增加的出口顺差，进口量的减少，致使物价大幅上涨。工厂的劳动强度加大，各地工人纷纷起来罢工。1916 年共发生一百零八次罢工事件，有八千四百一十三人参加。到了下一年，罢工次数猛增到三百九十八次，有五万七千三百零九人参加。[①] 在这种形势下，各地纷纷成立了工会组织，1917 年发生的"池贝铁工"劳资纠纷，成为工会领导性质明显增强的典型。社会问题不仅有劳资纠纷，还有因米价暴涨给庶民生活带来的恐慌。就在日本政府宣布出兵西伯利亚的第二天，日本天气最热的 8 月，富山县农村爆发了"米骚动"，而且迅速蔓延到全国，发展为有七十万人参与的一场大规模抗议活动。

周恩来放眼战火纷飞的世界和故乡中国的局势，同时

---

① 高桥幸八郎等编《日本近代史要说》，东京：东京大学出版会，第 301 页。

也关注日本国内的社会运动。1918 年 9 月寺内内阁倒台，翌年 3 月汉城爆发了有名的"独立万岁"示威活动，拉开了"三·一独立运动"的序幕。大日本帝国地盘上风起云涌，危机四伏。与中国革命性质不同的一场变革运动遍及整个日本，从而激发起周恩来的革命热情和投身政治运动的强烈愿望。

周恩来在日本的收获不在于思想和理论，而是对战争激化的社会矛盾以及在社会矛盾中挺身而出的广大民众的认可。周恩来在日本成长起来，自身修养不断加强，形成了一股子革命热情。马克思主义不只是口头上的理论，它是一场不断付诸实践的社会运动。从充分理解这种革命热情与社会变革的历史意义出发进行分析，是不是可以说，周恩来在留学日本期间，尽管还没有牢固树立马克思主义思想，却也通过一系列实践活动，在相当程度上接近了这个目标呢。

马克思主义的洗礼

虽然周恩来的思想意识还处于朦胧状态，但他毕竟在日本开始接触到了马克思主义。而且，周恩来从日本回国后，通过在觉悟社的学习与锻炼，对社会革命党和阶级思想的看法逐渐丰富，趋于成熟。

然而，思想和理论双丰收，让周恩来最终成为一名马克思主义者，还是在他旅居法国期间。本来，周恩来从日本回国，因参加学生运动被捕之后，就已经开始在狱中向他的同学们宣传马克思主义和唯物史观了。[①] 在那个阶段，周恩来还没有系统地学习过马克思的著作。周恩来这方面的知识并不是他通览马克思主义、列宁主义的主要文献收获的，而是他从 1918 年 10 月 5 日发行的《新青年》上的李大钊的文章，以及当时颇费周折终于翻译成中文的社会主义思想读物中获得的，在当时的中国，最接近马克思主义的人们也远远没有达到充分理解马克思主义的程度。毛泽东在长沙小学的办公室里研究马克思主义，并开始阅读

[①] 中国历史博物馆编《纪念周恩来总理——文物选编》，林芳日译，东方堂，第 17 页。

马克思（1818—1883）

恩格斯（1820—1895）

毛泽东（1893—1976）　　　　蔡和森（1895—1931）

《马克思资本论入门》，也是 1920 年 8 月以后的事情了。[1]

　　和毛泽东的条件相比，还是在巴黎的留学生们近水楼台。他们手头掌握的文献资料相当丰富。他们可利用的《共产党宣言》、马克思经济学说、唯物史观等资料，有的是法语原文，有的已经翻译成中文。[2] 周恩来在这个书堆里如饥似渴地寻找精神食粮。然而较之书本知识，他从朋友那里学到的东西更多，其中有一位朋友就是蔡和森。早

---

① 陈志让（Jerome Tsien）:《毛泽东》，德田教之日译，东京：筑摩书坊，第 72 页。
② 王永祥、孔繁丰、刘品青:《中国共产党旅欧支部史话》，北京：中国青年出版社，第 111 页。

在 1919 年春天就来到巴黎的蔡和森^①，首先感化了他的湖南老乡毛泽东，然后又在巴黎组织了"新民学会"，开始教育勤工俭学的中国留学生。

蔡和森与同为湖南籍人士、后来离开中国移居乌拉圭的萧瑜不一样，他到处宣传俄国社会主义革命。1920 年 8 月，蔡和森在法国给毛泽东写过一封信，内容如下：

"社会主义真为改造现世界对症之方，中国也不能外此"，而"社会主义必要之方法"为"阶级战争——无产阶级专政……""我以为先要组织党——共产党。因为他是革命运动的发起者、宣传者、先锋队、作战部。以中国现在的情形看来，须先组织他，然后工团、合作社，才能发生有力的组织，革命运动、劳动运动，才有神经中枢。"^②

毛泽东在给蔡和森的回信中遥相呼应，他指出，通过教育机构和工会组织循序渐进施行社会改革的想法是天真幼稚的，只有蔡和森提出的办法，才是中国可取的一条道路。按照毛泽东的想法，办教育要有学校和老师，办学校

---

① 作者此处说法有误，蔡和森等赴法人员于 1920 年 2 月初抵达巴黎。新民学会于 1918 年 4 月在长沙蔡和森家中成立，后旅法会员在巴黎开展活动。——编者注
② 陈志让（Jerome Tsien）:《毛泽东》，德田教之日译，东京：筑摩书坊，第 71 页。

陈延年（1898—1927）　　　陈乔年（1902—1928）

培养人需要资金和人才。而资金和人才都掌握在统治阶级手里，只有民众把这个权力夺过来，才能有效地把资金和人才充分调动起来。

周恩来刚到巴黎的时候，相关争论早已在中国留学生间展开。学生们聚在陈独秀的两个儿子——陈延年和陈乔年经营的报刊店里，了解家乡动态，学习新思想。开展这类活动的核心人物之一是四川人、后来被国民党特务机关逮捕杀害的赵世炎。周恩来与蔡和森、赵世炎以及刘清扬等人交往最多，受这些人的影响也最深。[1]

但是，仅凭理论是不能打动人心的。周恩来也不例外，

----

①《怀念周恩来》，北京：人民出版社，第234页。

进一步坚定自己的社会主义革命信仰，仅靠书本理论和朋友影响是远远不够的，是欧洲社会里的贫困现象和被剥削被压迫的基层生活，让周恩来树立起牢固的社会主义思想，因为周恩来在祖国生活时也从来没有富裕过。不过，如果身在家乡，总还有家人和乡亲们或多或少的帮助值得期待。更何况在自己的国家里，周恩来也算得上是一个出类拔萃、让社会和周围的人刮目相看的知识分子。可是在异国他乡的巴黎，他却是一个受到法国社会排斥的外国劳工和留学生。在这里，中国人的自豪、书香门第的传统、知识分子的任性，统统作废。留学生们来到法国后不久，迎面而来的无非是面包问题，其中不乏有人大失所望，叫苦不迭，甚至怒不可遏。① 在法国普通的中产阶级看来，来自中国勤工俭学的学生们地位甚至不如他们这里的无产者，在一片冷眼的包围下，不管有意识还是没有意识，学生们的情绪和想法都会不由自主地向工人阶级靠拢。

让战争留下的阴影不断扩大的原因，莫过于欧洲当时的经济形势。战争结束后，一半是通胀，一半是失业，两者如同滔滔洪水，泛滥于整个欧洲。1921 年春天，周恩来考察英国时，英国百万工人正在举行声势浩大的大罢工。周恩来目睹了罢工的整个过程，仔细观察了罢工者的艰苦

---

① 李璜：《学钝室回忆录》上卷，明报月刊丛书，第 76 页。

生活 [①]，从中体会到阶级斗争的深刻内涵。

本来，周恩来对欧洲的第一印象是自由、合理的精神。周恩来尤其是对固守封建传统的中国家庭深恶痛绝，他一直憧憬欧美自由平等的家庭制度。[②] 一个自由平等、爱意浓浓的家庭，在周恩来的内心深处意味深远。这是周恩来对旧中国束缚下的封建家庭制度的反叛。这种世代沿袭的家庭制度，都是周恩来在家乡亲身经历过的，或者是从左邻右舍那里悄悄看到的。同时也透露出周恩来内心深处对幸福家庭的渴望，而这份与众不同的渴望来自于他自幼便与父亲和生母生离死别的特殊遭遇。

然而，周恩来又与许多知识分子的想法不尽相同。在他的思想里，没有把对自由和爱情的向往寄托在努力建设社会上，周恩来的观点是只有认真改造社会，个人的幸福才有保证。[③] 当时，周恩来的这种思想在不断升华，第一次世界大战刚刚结束的巴黎便成了他理想中的大校园。身在巴黎，周恩来还注意观察法国的邻居——德国的革命动向，俄国在历史上与法国比较接近，周恩来也在学习俄国革命的发展经验，他还亲身体验了高潮迭起的英国工人运

① 王永祥、孔繁丰、刘品青：《中国共产党旅欧支部史话》，北京：中国青年出版社，第74—75页。
② ②《周恩来书信选集》，北京：中央文献出版社，第25页。

动，他立足于法国，目睹了共产党组织从无到有的整个过程。可以说，资本主义社会的巨大变革和历史演变让周恩来尽收眼底，一览无余，让他感受到了什么东西才是自己的祖国最需要的。欧洲这个大舞台，法国这个国家，对周恩来而言，既是一所没有围墙的学校，也是欧洲历史的实验基地，他在这里的收获远远胜于课堂听讲。

但是，正如学校需要老师一样，为了准确理解法国社会的变化和历史沿革，周恩来在知识的海洋里也需要一位领航员，这个人就是亨利·巴比塞。这位从报社记者成长为作家的法国知识分子，在第一次世界大战中因其小说《火线》而一举成名。这部纪实小说的副标题是"一个步兵班的日记"，具体描写了战士们在战壕里蓬头垢面饥寒交迫的每一天，同时也表现了人们的反战情绪以及对和平的祈盼。亨利·巴比塞成功跻身于小说家的行列以后，成立了一个名为"光明社"的俱乐部，专门为外国留学生，尤其是为亚洲留学生举办演讲会、交流和讨论活动提供场所。据说聚会活动有时以茶话会的形式进行，还有妙龄女郎为大家送来咖啡。据在勤工俭学项目下来法留学的中国学生回忆，周恩来有一次参加巴比塞举办的茶话会，有个法国女郎为他送来了糖果和小饼干。这时，旁边有同学大声起哄："快看啊，这个女郎看上咱们东方的帅小伙儿啦！"

大家回头一看，坐在那里的原来是周恩来。[①]

巴比塞对俄国革命佩服得五体投地，不久以后，他便成为一名共产主义者并且移居俄国，于1935年在莫斯科去世。对于中国留学生来说，巴比塞不愧为一位共产主义的领航员。但是，巴比塞在茶话会上演讲时，要么用英语，要么用法语，周恩来以及许多中国籍学生究竟能够听懂多少，从中懂得了多少理论性很强的共产主义思想，给人们留下了一个小小的疑问。不过，据说巴比塞在这里散发过《共产党宣言》，或许周恩来第一次全文阅读《共产党宣言》正是在巴比塞举办的茶话会上。顺便介绍一下，在天津的周恩来纪念馆里保存着一份记录，内容是巴黎的共产党青年团执行委员会于1924年向党中央报告的每个党员的活动情况。据这份记录称，周恩来英语较好，法语和德语达到看懂报刊的程度，但是尚不能用法语自由交谈。

总而言之，周恩来经过中国朋友的感化，从欧洲社会历史变革中吸取经验教训，又在法国知识分子的指点下，通过身处异国充满艰辛的留学生活，在巴黎接受了一场马克思主义的洗礼。

---

① 李璜：《学钝室回忆录》上卷，明报月刊丛书，第130页。

纠结与行动

虽然周恩来接受了马克思主义的洗礼，而且对马克思主义理论的感情也越来越深，但是，周恩来的脑子里尚未形成一个完整而清晰的社会主义思想体系。

周恩来的头脑里也曾有过青年常见的纠结。跑步前进，还是稳步前行，他自己难以决定。过于稳健等于保守，过于性急无异于暴动。依靠保守的办法获得成功的先例是英国，通过暴动的办法大功告成的先例是今天的苏维埃俄国……周恩来仿佛在自言自语，在作出这个判断后他话锋一转："若在吾国，则积弊既深，似非效法俄式之革命，不易收改革之效；然强邻环处，动辄受制，暴动尤贻其口实，则又以稳进之说为有力矣。"——1921 年 1 月，周恩来在写给故乡的一封信里提出了这个严肃的问题。[①] 在这里，尽管周恩来在努力探索一气呵成的革命道路，却也依然流露出稳步改革的可能。

周恩来对欧洲现状的观察越是敏锐，越是对那里展开

① 中共中央文献研究室编《周恩来书信选集》，北京：中央文献出版社，第24 页。

的革命所遭遇的失败，以及反动势力的疯狂反扑不能视而不见。与此同时，住在法国的学生们对政治越是关心，越是容易受到各种思潮的裹挟，活动的载体也是五花八门。从无政府主义、改良主义、工团主义，到保守的爱国主义，各种不同的主张铺天盖地。周恩来内心的纠结，既是中国学生们内部思想斗争的反映，也是中国人内部围绕中国问题出现争执的反映。

为了解开内心的纠结，周恩来认为必须通过学习来吸收社会主义思想的营养，但是同时，积极参与社会实践或曰政治运动，也是不可欠缺的一条重要途径。现在看来，身为革命家的周恩来，他的成长过程和思想转变，正是通过以法国为舞台、以勤工俭学的学生为主开展的政治运动得以实现的。在周恩来的思想情绪逐步稳定的过程中发挥了重要作用的政治运动之一，就是 1921 年 2 月 28 日在巴黎发生的一场学生示威游行，即"二·二八运动"。

从表面上看，这场运动的背景正是勤工俭学本身。从1919 年到 1920 年底，在勤工俭学的感召下赴法留学的中国人达一千六百人，显示出空前的"热气腾腾"①。但是，为急剧增加的学生寻找合适的学校和工作岗位，却随着人数的

---

① 唐铎：《回忆五四时期的留法勤工俭学运动》，载中国社会科学院近代史研究所编《五四运动回忆录》（续），北京：中国社会科学出版社，第481 页。

20 世纪 20 年代的巴黎

增加而越来越难。许多学生因为找不到工作，只好来到负责接收留学生的华法教育会请求救济，这类学生达数百人之多。① 但是，这种情况对华法教育会来说是一个涉及财政开支的大问题。1921 年 1 月中旬，华法教育会突然发布通知，声称华法教育会今后不再对留学生实施财政救助，找不到工作的学生将被送回国内。② 这道通知把部分学生逼到了能否继续在法国留学的岔路口上，激起了他们的强烈不满。

---

① ②另一种说法是，当时旅法学生只有四分之一左右有职业，见陈志凌、贺扬:《王若飞传》，上海：上海人民出版社，第 40 页。

2月初，部分学生与华法教育会的负责人见面，呼吁解决问题，而华法教育会有关人员只是轻描淡写地说，已经给大使馆发去公函，没问题，办法总会有的。面谈的结果让学生们感到失望。[①] 随后，学生们与当初为推进勤工俭学运动而成立的"工学世界社"取得了联系。工学世界社是在蒙达尔纪市留学的李富春、李维汉等人，与蔡和森一道成立的开展勤工俭学运动的学生团体。

3月27日，学生代表与工学世界社的有关人员聚集在巴黎的一家咖啡馆里，一致同意向大使馆提出在今后四年的留学期间，每月向每个留学生支付四百法郎的"要求"。[②]28日，有四百名学生，由向警予等女生打头阵，到大使馆游行示威。结果，示威的学生与警察发生冲突。混乱中，有个名叫王木的四川籍学生竟然被有轨电车轧死。惨剧发生后，使馆答应在今后三个月内，每天向学生发放五个法郎的生活费。于是，这次示威活动便成为中国学生踊跃参加政治运动的导火索。

周恩来没有直接参加这场示威活动，值得一提的是，因为他在2月中旬刚从英国回到巴黎，正准备到卡尔切拉丁大学城的一所语言学校上学，他和几位天津籍同学一起，

① 陈志凌、贺扬:《王若飞传》，上海：上海人民出版社，第40页。
② 陈志凌、贺扬:《王若飞传》，上海：上海人民出版社，第41页。

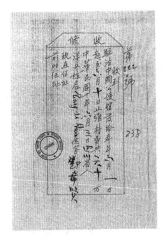

邓小平（邓希贤）签收的华法教
育会的维持费收条

住在离巴黎二百公里远的一个名叫布罗瓦的小镇上。①生
活还没有完全安顿下来，没有条件与其他中国留学生一道
参加政治活动，他和蒙达尔纪的留学生之间来往也不多。

　　但是，政治嗅觉敏锐的周恩来当然不会放过这个事件，
他立刻给家乡报纸投稿，讲述"二·二八事件"发生的始
末，而且对这次事件进一步进行调查和总结，在3月底，
形成了多达三万五千字的长篇报道，以《留法勤工俭学生
之大波澜》为题，发给了天津的《益世报》。②

　　说起这个长篇报道，说不定有一部分是周恩来在布罗

①　中共中央文献研究室编《周恩来传》，北京：中央文献出版社，第56页。
②　中共中央文献研究室编《周恩来传》，北京：中央文献出版社，第61页。

瓦城堡写的。这个猜测让人们不禁想起法国卢瓦尔地区"古城游"线路里的那个布罗瓦城堡，那里还是日本游客的必到之处。有了周恩来的这篇报道，一定会有更多的人怀着更加特殊的感情，前来瞻仰这座历史悠久的城堡。

布罗瓦城堡藏有不少神秘的历史故事。中世纪建造这座城堡的布罗瓦伯爵，在15世纪将这座城堡转让给了奥尔良公爵家族的查理，查理在与勾结英国的布戈尼公爵的战斗中失败，在英国被幽禁了二十五年之久。"嗨哟，嗨哟，这只小老鼠还活着！"当年曾经作为诗人名噪一时的查理，通过作诗来告知人们自己还健在。明治时期，英国著名的日本学专家巴泽尔·贺尔·张伯伦在他晚年出版的《老鼠还活着》这部随笔集里，也收入了这首曾经在英法十分流行的三节连韵诗，借以讽刺那些将自己视为已故之人的英国报刊。

然而，让布罗瓦城堡名声大振的重要历史事件莫过于亨利四世暗杀事件。16世纪末，旧教徒与改革派胡格诺教徒之间展开"以血洗血"的斗争，旧教派的巨头亨利·德·盖斯，在布罗瓦城堡遭到反对派亨利三世家臣的暗杀。时至今日，布罗瓦城堡的三楼大厅里仍然悬挂着盖斯公爵遇害的绘画，仿佛让人们回到了过去的那个腥风血雨的时代。

关于周恩来暂住在布罗瓦一事并没有留下明确的记

载，对他在那里的生活也没有定论。但是，中世纪的那段历史记忆依然留在这个小路弯弯、白墙黛瓦、烟囱泛红的小镇里。来自遥远东方的青年周恩来，一定在这里感受到了铅灰凝重的欧洲历史。

"二二八事件"在周恩来以及许多中国留学生的人生道路和头脑里激起了一朵希望的浪花。这里的重点是在远离巴黎九十公里的蒙达尔纪市上学的蔡和森等人，他们成功地领导了这次学生示威运动。因为当时思想最先进、主张与工人打成一片的赵世炎、李立三他们没有参加。赵世炎他们随后也在3月9日迅速做出反应，联名给华法教育会写信，呼吁他们出面帮助这些贫困学生。然而，这封信的主旨不是要求华法教育会接济学生的生活，而是建议他们在各类工科学校设立特需专业，以便吸收勤工俭学的学生入学，他们强调的还是"边劳动边学习"的重要性[1]，而不是学习本身。

换个角度来看，以"二二八事件"为契机，中国留学生的政治运动一分为二。一方由蒙达尔纪的蔡和森等人领导，坚持以学业为主；另一方归赵世炎等人领导，强调深入工厂与工人接触。两派互不服气、互不相让的迹象越来

---

①《回忆留法勤工俭学中的赵世炎》，载中国社会科学院近代史研究所编《五四运动回忆录》（续），北京：中国社会科学出版社，第498页。

位于巴黎郊区的小镇蒙达尔纪。当年是留法勤工俭学学生的主要聚集地之一

越明显。①

　　那么，在 1920 年的这个春天，周恩来的立场究竟偏向了哪一边呢！委实难以判断。如果硬说的话，周恩来在留学法国的初期似乎与蔡和森等人经常走动，据此，有人便推测周恩来的主张是不是与蔡和森他们更为接近呢？

　　最初，有些人对周恩来的立场倒向哪一边颇感兴趣，其实，当时周恩来的立场尚不能左右中国留学生开展政治运动的方向。"二二八事件"之后，赵世炎和蔡和森都认为，应当防止两派之间的矛盾进一步激化。于是，他们在蒙达尔纪磋商了三天，在统一两派观点和组织方式方面达

---

① 中共中央文献研究室编《周恩来传》，北京：中央文献出版社，第 61 页。

成一致意见。如果说，巴黎的共产党组织是从蒙达尔纪的共识开始起步的，其实也并不为过。

其后发生的法国与北洋政府之间秘密借款协定问题，让曾经在"二二八事件"中群情激昂的学生们对政治运动更加热心。学生的政治觉悟进一步提高，组织建设也得到进一步加强。1921年夏，中国国内的政治斗争和军阀割据愈演愈烈，北洋政府派出以军阀为代表的使节团访问法国，准备与法方谈判，秘密签署借款协定。结果，1921年6月16日的巴黎报纸把法中双方秘密谈判的这则消息捅了出来，于是，这场谈判立刻成为中国学生开展政治斗争的活靶子。

周恩来是这场反借款运动的领袖人物之一。他和赵世炎、陈毅、王若飞等人，均为反借款委员会成员，并且负责起草反对缔结借款协定的宣传文章，向法国报纸投稿。[①]6月30日，周恩来、赵世炎、李立三等人组织学生在巴黎召开了反借款运动誓师大会。进入8月，运动更进一步升温，愤怒的学生涌到中国公使馆门前，甚至把代表公使出面的秘书揍了一顿。据说学生们的行动有些过激，其背后的原因是公使拒绝与他们见面，而替他出面的那位

---

① 中共中央文献研究室编《周恩来传》，北京：中央文献出版社，第62页。

秘书的态度又非常蛮横。①

　　与"二二八事件"有所不同，周恩来参加这场反借款运动的态度非常坚决，抗议活动举行后的第三天，周恩来便迅速向家乡报纸发去了一篇题为《中法大借款案之近讯》的通讯文章。从这一点也能看到周恩来个人也为这场运动倾注了不同寻常的精力。换句话说，这是周恩来到达法国后第一次全身心地投入到一场政治色彩浓厚的学生运动之中。通过"二二八事件"，周恩来对于旨在解决学生温饱问题的各类运动表示理解。另外，通过夏季举行的这场反借款运动，周恩来切身体验到了学生开展的政治运动全过程，从解决自身的温饱问题开始，到对国家未来命运的关切，周恩来的思想在他的这些实际经历中逐渐接近于社会革命的理论。

　　反借款运动还有另一层意思。从国际角度来看，学生们国际意识的不断提高是导致这场运动发生的原因之一。尤其是关于借款协定的秘密谈判，这是北洋军阀与法国政府之间暗中勾结的表现，学生们从这个事实中敏锐察觉到国内反动势力一旦走出国门，与国际反动势力互相勾结将带来的危险。历史经验告诉他们，发生在中国国内的政治

----

① 中共中央文献研究室编《周恩来年谱（一八九八——九四九）》，第49页；
　又，怀恩：《周总理的青少年时代》，成都：四川人民出版社，第146页。

斗争和军阀混战，与国际上的各种势力有着千丝万缕的联系，为了抵抗反动势力的进攻，不仅要依靠国内力量，来自国际上的支持也是不可或缺的。

当时，陈毅作为勤工俭学的一名学生旅居法国，他从某个法国工人那里打听到中法秘密谈判的消息，于是，这个消息不胫而走，在学生中间迅速传开。[①] 这件事情充分说明中国国内的军阀混战已经与国际上的阶级斗争联系在一起。

在有关周恩来的传记里，除了上述"二二八事件"和反借款运动，还有关于周恩来1921年1月在巴黎的中国留学生会馆开展整纲肃纪运动的记载。[②] 清政府早年在巴黎建了一座中国留学生会馆，这里是中国学生经常聚集的场所，据说因为长年疏于管理，一些赌徒和流氓也经常光顾这里。后来，响应勤工俭学号召来到法国的穷学生越来越多，他们看不惯经常进出留学生会馆的那些公派生或自费留学生，学生之间时而发生摩擦也并不奇怪。就在新老留学生的关系日趋紧张的情况下，据说在1月份的某一天，几个新来的学生闯进留学生会馆，把正在打麻将的几个学生赶了出去，并且对他们出入于会馆并且不务正业的行为

---

① 怀恩：《周总理的青少年时代》，成都：四川人民出版社，第143页。
② 例如，司马长风：《周恩来评传》，第73—74页；[日]西河毅：《周恩来的道路》，东京：德间书店，第58页。

提出警告，这伙人贴完传单，扬长而去。

这件事在当时留学法国的李璜的《学钝室回忆录》也有记载，看来这件事本身并非有人故意捏造，错就错在有人认为这件事与周恩来有关（在这一点上，李璜的回忆录也犯了同样的错误）。其实，1921年1月周恩来不在巴黎，而是去了英国。当然，人们可以最大限度地发挥自己的想象力，比方说，会不会中间有那么一两天，周恩来又回到了巴黎。即使这种说法成立，可是周恩来到了巴黎后就病倒了，连他期待已久的英国之行也不得不延期，而且在这么短的时间内，他和同学密谋，想出这么一种抗议方法，确定行动日期，这根本就是不可能的。再说，这种行为方式也不符合周恩来的办事风格。所以，周恩来与留学生会馆事件有关的说法，应该彻底否定！周恩来办事一向都有明确的目的，他不是那种把一时痛快或者愤怒随意发泄到别人头上并且以此为乐的人。周恩来在各种运动中不断完善自己的思想，他是不会因为突发奇想或者一时冲动采取任何行动的。

里昂中法大学事件

里昂是一座神秘的城市，享有"丝绸之都"的美称。随着丝绸产业的衰落而被人遗忘，里昂也渐渐变得神秘起来。她静卧在罗纳河和索恩河的怀抱里，风光妩媚。但是，当你走进这座城市，走进老城区的匠人街以及闹市区就会发现，这里并不整洁。尽管世界知名的大厨保罗·博古斯曾经在这里掌勺，如今美食餐厅比比皆是，却也缺少古朴典雅的传统氛围。

昭和十年代（1935年前后）来里昂旅行的法国文学专家泷泽敬一给出的评语是："一座视学问与生意为生命的城市，因为缺少迷人的情调而遭到游客的差评。"①

继续追溯到明治时期，当年踏上这片土地的永井荷风，②在自己亲身感受的基础上创作了《法兰西物语》，深入描写了这座曾经喜欢黑衣、宗教之魂深切的城市和祭祀活动。

---

① ［日］泷泽敬一:《法国通信》，东京：岩波书店；《昭和十二年中的"里昂物语"》，《世界纪行文学全集》2，《法兰西Ⅱ》，东京:修道社，第127页。
② 永井荷风（1879—1959），本名永井壮吉，东京人，小说家。

那一年的 12 月 7 日，在里昂城区东南的索恩河畔，在耸立于富维耶山丘的圣玛利亚大教堂里，举办了每年例行的祭奠活动。据说此举缘于 16 世纪欧洲范围内爆发的一场大瘟疫，当时，唯有里昂在圣母玛利亚的庇护下逃过了这一劫。从此，里昂全城千家万户每年皆燃灯祭奠。

是夜，阴雨绵绵的天空在黄昏将至的时候突然放晴，而且出现了冬季里鲜有的风和日暖。从商店、银行、劝业场等鳞次栉比的共和国大街，到左右两侧的无名小巷，家家户户的窗前、门口和露台上，竞相点亮了佛灯、电灯、瓦斯灯，灯光倒映在索恩河和罗纳河的水面上，那是何等的壮观，何等的繁华！[①]

今天来到里昂的人们，站在贝勒库尔广场路易十四跃马扬鞭的铜像前，身后是万里晴空和富维耶山丘高耸的圣母教堂，感慨之余，似乎谁也没有注意到这座神秘的城市自罗马时代以来收藏的历史故事。然而，里昂的确是一座拥有许多历史故事的城市。在法国革命的巅峰时期，她有过比巴黎更加令人毛骨悚然的政治恐怖，在不久前结束的那场世界大战里，里昂又是抵御德军进攻的主要地区。

---

① [日] 永井荷风:《法兰西物语》，东京：新潮社，第 71 页。

对于中国共产党的历史和周恩来的生涯来说，里昂还发生过一个意义深远的历史事件——里昂中法大学事件。

当时，参加勤工俭学学生的人数急剧增加，在法国各地引发了诸多问题。于是，有人出了个主意，把来自中国的留学生集中在一个地方，为他们营造一个安心学习的环境。于是，因勤工俭学运动的各种矛盾而伤透了脑筋的华法教育会，会同国内部分地区的政府官员与法国有关方面协商，在里昂郊区成立了里昂中法大学，专门从中国招收留学生到这里寄宿学习，同时，中法大学还与里昂大学合作，为留学生提供到大学里旁听的机会。办校所需的资金一部分从义和团事件的赔款中冲抵，一部分动员广东的资本家资助。①

但是，这个项目背后的各种政治企图和互相博弈的利害关系也渗透进来。广东省政府官员认为，成立这所学校的初衷是培养一代具有良知的中国留学生，同时也要避免中国和法国之间在留学生问题上互相扯皮。但是北洋政府的看法是，这所学校如果对来自广东的留学生格外优待，或有侵犯其他中国留学生合法权益之嫌，那是我们大家都最不愿意看到的。从学生的反响来看，参加勤工俭学运动的贫困生们情绪较大，他们认为，最该享受到这所学校设

---

① 李璜：《学钝室回忆录》上卷，明报月刊丛书，第138页。

施和优惠政策的应该是他们这个群体，这里绝对不能办成一所为国内富家子弟服务的"贵族学校"。这些利害冲突集中表现在学校的入学资格上。受聘为校长的吴稚晖提出两个与招生有关的具体条件，一个是广东籍学生优先录取，另一个是录取法语资格考试的合格者。①

本来，创办里昂中法大学的设想来自留学生们的强烈呼吁，其中也包括周恩来本人，他甚至在1921年1月从伦敦写给家乡的信里用较大篇幅谈到过这件事。同年5月，王若飞、陈毅、邓希贤他们也曾联名写信给故乡中国的教育界实力人物蔡元培。另有迹象表明，有人想把里昂的中法大学以及比利时的中比大学，办成一所"半工学院"，作为半工半读学生的培训基地。②邓希贤这个名字听起来似乎有点陌生，其实就是邓小平，他在留法期间一直使用这个名字。正是从这个时候起，青年邓希贤的名字开始出现在旅法中国学生的运动当中。

总之，中法大学的办学方向在勤工俭学的学生中间闹得鸡犬不宁，有人不满，有人不安。另有两件事情火上浇

---

① 李璜：《学钝室回忆录》上卷，明报月刊丛书，第138页；《五四运动回忆录》（续），北京：中国社会科学出版社，第530页。

② 关于周恩来的信，载《周恩来书信选集》，北京：中央文献出版社，第19页；关于王若飞等人的信，载陈志凌、贺扬：《王若飞传》，上海：上海人民出版社，第44页。

吴稚晖（1865—1953）

油，一件是北洋政府驻法公使馆对广东省政府的办学思路怀有疑虑，他们发给留学生每人一份"调查表"，这种做法类似于日本的素质调查。①另一件是公使馆在进行调查的同时，于8月20日突然宣布停发"二·二八事件"后为勤工俭学学生提供的生活补助。这么一来，能否就读于里昂的中法大学，实际上已经成为那些贫困学生生死攸关的头等大事。②问题严重了，再加上有传言说，吴稚晖校长从中国大陆招收的一百二十名学生，将于9月24日抵达

① 中国社会科学院近代史研究所编《五四运动回忆录》（续），北京：中国社会科学出版社，第530页。
② 中共中央文献研究室编：《周恩来传》，北京：中央文献出版社，第63页。

马赛 ①，等于逼迫勤工俭学的留学生们不得不起来造反。

参加这场抗议运动的学生兵分两路，一路在巴黎与中国公使馆直接联系，争取谈判机会，日后活跃在国共合作中的王若飞以及与蔡和森关系密切的湖南籍学生李维汉等人，主要负责在巴黎的联络工作。另一路是赵世炎、蔡和森，以及日后成为中国人民解放军元帅的陈毅和他的哥哥，他们和一百多名学生一起，在9月19日前后聚集到了里昂。②

9月21日，学生们推举赵世炎为代表与副校长褚民谊交涉，要求参观校舍，使用宿舍里的厨房设施，结果遭到校方拒绝。于是，学生们抢占了部分校舍③，结果学校报了警。问题在当天没有谈妥，学生们在学校里蹲守一夜。到了第二天，里昂市长担心事情闹大，亲自出面说服，他告诉学生们来自广东的学生将要住进校舍，要求占领校舍的学生迅速回到各自的工厂，④但是学生们就是不肯离开。最

---

① 中国社会科学院近代史研究所编《五四运动回忆录》(续)，北京：中国社会科学出版社，第484页。
② 中国社会科学院近代史研究所编《五四运动回忆录》(续)，北京：中国社会科学出版社，第503–504页。
③ 中国社会科学院近代史研究所编《五四运动回忆录》(续)，北京：中国社会科学出版社，第504页。
④ 中国社会科学院近代史研究所编《五四运动回忆录》(续)，北京：中国社会科学出版社，第531页。

陈毅赴法勤工俭学前在上海的留影

后，里昂市政府动用警力逮捕了一批学生，把他们移送到里昂附近的一处兵营里（按照陈毅之兄陈孟熙的说法，是位于里昂炮台的监狱①）。

9月24日，校长吴稚晖来到里昂，开始与学生谈判。但是，吴校长毫不让步，坚持认为中法大学是为了从中国国内招生而创办的，不是为已经住在法国的人预备的，谈判没有结果，事情暂时被搁置起来。到了10月，学生们也坐不住了，当务之急是把那些被捕的学生从兵营里接出

---

① 中国社会科学院近代史研究所编《五四运动回忆录》（续），北京：中国社会科学出版社，第531—534页。

来，让他们恢复自由。他们让负责领导这场运动的赵世炎回到巴黎①，与本来就在这里的王若飞、李维汉等人会合，争取与公使馆谈判，但是没能实现。10月10日，留在里昂兵营里的学生尝试开展绝食斗争，希望以此撼动当局的决心，结果也没有达到目的。13日，当局把这些学生强行塞进火车送到马赛，然后遣返回国。这个时候，人们在被送回国内的学生里发现了蔡和森、李立三、陈毅等几个熟悉的面孔。②

关于里昂中法大学事件，尚存几个未解之谜。其一，赵世炎与其他学生在里昂被捕并且被监禁在兵营里，他自己是如何脱身的？或者说，当局为什么允许他离开？关于这个问题有一种说法称，赵世炎是越墙逃走的。另有一种说法是，他让一个长相相似的人顶替了他，所以才得以脱身。③虽然这些说法能够解释赵世炎是从兵营里逃出来的，但是当他大摇大摆重新出现在巴黎街头，并且准备与公使馆的人进行谈判时，法国当局默不作声，居然放过了他，为什么？这里的原因还是没有解释到位。

值得注意的是，有人证明，在学生们刚刚被捕的时候，

① 中国社会科学院近代史研究所编《五四运动回忆录》（续），北京：中国社会科学出版社，第505页。
②③中国社会科学院近代史研究所编《五四运动回忆录》（续），北京：中国社会科学出版社，第506页。

赵世炎在法国勤工俭学时期

中国驻里昂领事李骏曾到兵营探望，据李骏说，只要出示他的名片便可以自由出入。[①] 这种说法与聂荣臻说过的赵世炎曾经冒用过李骏名片这句话，[②] 可以互为补充，看来赵世炎往来于巴黎与里昂之间，已经征得了驻里昂领事馆和巴黎公使馆的同意，也得到了法方的默许。从中国来到法国担任中法大学教师的张申府，当时正在巴黎待命，他在

① 中国社会科学院近代史研究所编《五四运动回忆录》(续)，北京：中国社会科学出版社，第505页。
② 中国社会科学院近代史研究所编《五四运动回忆录》(续)，北京：中国社会科学出版社，第506页。

回忆录里记述道,"赵世炎回到巴黎,让我替他发一封英文电报,后来,我又偶尔陪他去和正在巴黎的吴稚晖校长见面。"① 然而,张申府又写道,"至于赵世炎是如何从兵营里出来的,我不知道。"② 这位张申府替赵世炎发过电报,又和赵世炎一起去吴校长那里谈判,却对赵世炎如何从兵营脱身这件事全然不知,难以想象,看来这里的水比较深。

如果将这部分材料综合在一起,人们便可以发现赵世炎站在公使馆、法国当局、中法大学以及勤工俭学学生这四者之间平息事态,但是没有成功。换言之,人们可以从这个事件中看出赵世炎不单是一位学生领袖,而且还在某种程度上起到了桥梁作用。只有透过这些表象才能够推测出,在参与事件的众多学生中,为什么只有身为学生领袖的赵世炎没有被当局遣送回国。

里昂中法大学事件的第二个未解之谜是,一百多个学生从法国各地聚集到里昂,这笔交通费是谁出的?要知道,这些学生平时过的是食不果腹的生活,接到通知后立刻不约而同,几乎是同时赶到了巴黎,这里面肯定有来路不明的经费支持。那么,这笔经费究竟是谁慷慨解囊的呢?

正如有人点拨的那样,人们很容易想到事件的背后肯

① ②《怀念周恩来》,北京:人民出版社,第235页。

定有共产国际对中国共产党的援助。[①] 但是那个时候，留法中国学生与莫斯科方面的关系还没有亲密到成批接受对方援助的地步，况且，目前也没有发现这方面的证据。其实，令人最感兴趣的说法是，与共产党保持一定距离的李璜在他回忆录里的一段陈述：学生们的交通费是中国驻法公使馆支付的。[②]这种说法不仅出现在李璜的回忆录里，上海人民出版社以王若飞日记为素材的《王若飞传》里也说，学生们动身前往里昂的前一天，留在巴黎的王若飞来到公使馆，面见公使馆负责人陈箓，当时陈箓"慷慨大方地拿出 2000 法郎，让学生们当作去里昂的旅费。"[③]

那时候，在法国的国民党人和正在酝酿成立的共产党之间关系微妙。特别是广东的国民党人促成了中法大学的成立，公使馆出面对学生们实施一些救助也就算不上惊人之举了。如果结合赵世炎等人免遭遣返一事进行分析，掺杂在"里昂中法大学事件"幕后的一些秘而不宣的政治背景，反映了当时中国政局的混沌状态以及各种势力之间错综复杂的斗争。

为什么一定要把上述问题的种种推测坐实呢？这就不能不说起关于这个事件的第三个未解之谜，即周恩来在这

① ② 李璜：《学钝室回忆录》上卷，明报月刊丛书，第 139 页。
③ 陈志凌、贺扬：《王若飞传》，上海：上海人民出版社，第 45 页。

个时候做了些什么。

　　关于周恩来在里昂中法大学事件的作用和行动，有各种不同的看法。最大的分歧在于周恩来是否前往里昂，是否和其他同学一起占领校舍，是否被捕。有一种说法认为周恩来当场被捕了，但在押解途中巧妙逃脱。[1]另一种说法是他在被捕时出示了他所在工厂的身份证明，然后就被释放了。[2]关于周恩来被捕后的情况尽管存在分歧，但是，他们对被捕这件事情本身的看法是一致的。遗憾的是这两种看法都有重大缺陷，因为他们没有把百余名学生当中为什么只有周恩来能够成功逃走，或者被释放的原因解释清楚。而且，如果仔细阅读陈毅之兄的回忆录就会从中发现，陈毅等人前往里昂时，周恩来到巴黎汽车站为他们送行。[3]而且还有陈毅他们被监禁在兵营时，周恩来曾经到里昂慰问过他们。[4]

　　把这些说法综合起来加以考虑，比较稳妥的解释是周恩来没有去里昂，他与奔赴现场的同学各有分工，周恩来

---

[1] 许芥昱:《当代最杰出的政治及外交家：周恩来传》，高山林太郎日译，东京：刀江书院，第 40 页。

[2] [日] 西河毅:《周恩来的道路》，东京：德间书店，第 62 页。

[3] 中国社会科学院近代史研究所编《五四运动回忆录》(续)，北京：中国社会科学出版社，第 531 页。

[4] 中国社会科学院近代史研究所编《五四运动回忆录》(续)，北京：中国社会科学出版社，第 532 页。

的任务是留在巴黎参与行动的策划。

顺着这条思路往后看，9月中旬在巴黎召开学生大会的时候，周恩来在讨论中法大学问题时的发言，其中较为含混的意思也就不难理解了。周恩来在大会讨论中非常冷静，他说，斗争是复杂的，对手妄图陷我们于进退两难之中，要斗争，就必须讲究策略。① 看来周恩来同意迫使中法大学对贫困生开放的做法，而对斗争中采取的手段，尤其是现场类似于武斗的行为未必赞成。周恩来的这种态度，与后来应对各种政治风波时的行为方式和风格如出一辙，首先充分看清事态发展的严重后果，然后在行动中采取稳准有效的斗争手段。

在斗争的目标上，革命家的思想往往超前，并且在手段的选择和评判的过程中不断深化自己的思想。事实上，在应对里昂中法大学事件的过程中，周恩来已经形成了自己较为清晰的思想方法和政治风格。

---

① 中共中央文献研究室编《周恩来年谱（一八九八——一九四九）》，第50页。

斗争之后

里昂中法大学事件把法国全境的中国留学生全部卷了进来，正是因为这个事件与中国政府和法国政府有关，所以在勤工俭学的学生中留下了深深的伤疤和惨痛的教训。最大的伤疤是在这次事件中李立三、陈毅等许多留学生被遣送回国，这值得周恩来以及继续留在法国的学生们深刻反省。

这个教训说起来与事件本身的性质有着直接关系。在这个事件的背后，家境比较富裕的学生与半工半读的学生互相对立。"二·二八事件"的根源也与这种贫富的对立有关。本来，这些事件的深处还隐藏着一个重大的原则问题，这就是对现有的中国社会和政治制度是基本认同，还是通过革命运动加以改变。如果说里昂中法大学事件对中国人参与的政治运动产生了深远影响，那也正是因为在其背后隐藏着阶级对立和革命与反革命的大是大非问题。将自己的立场置于哪个阶级，让自己的思想朝着哪种政治思想靠拢，在这场运动中冲锋陷阵的每个人，都必须超越中国人的爱国心和国家主义，义无反顾地作出明确的选择。反过来说，参加这场运动的人，不管情愿还是不情愿，他们的阶级意识都已经被彻底唤醒。

李立三早已经寻觅到勤工俭学的真正意义：

勤工俭学最大目的是促使知识阶层猛省，促进劳动阶层觉悟……我们都知道，中国是一种黑暗的地狱，必须立刻着手改造……边劳动边学习的做法，是这两大阶层互相接近的最好机会……让我们继续生存下去的唯一道路，就是与劳动阶层手握手，在这个黑暗世界里彻底推翻资本主义。[1]

周恩来的观点与李立三不同，尽管周恩来没有在熔炉旁搬运生铁的经历，可是他作为一个生活贫困的留学生，通过里昂中法大学事件，将自己置于劳动者和穷学生的双重立场上。而在里昂中法大学事件发生之前，周恩来在中国留学生中并不知名，[2] 这场运动让他与不少同学成了朋友，而在广交朋友的过程中，周恩来的思想也渐渐形成。里昂中法大学事件发生一年半以后，赵世炎说过，中国劳工的身份既代表一个阶层，又是勤工俭学的学生，我们可

① 李立三：《读蒙达尔纪全体半工半读贫困生的意见书》，参考唐纯良：《李立三传》，中村三登志日译，东京：论创社，第 31 页。
② 据当时赴法留学并参与里昂中法大学事件的唐灵运（笔名唐铎）记述，当时自己并不认识周恩来。唐铎：《回忆五四时期的留法勤工俭学运动》，载《五四运动回忆录》（续），北京：中国社会科学出版社，第 485 页。

以考虑成立一支无产者的队伍了。① 尽管这种想法是从赵世炎口中说出来的，但是周恩来以及其他学生通过对这场运动过程及其结果的反思和分析，也已经意识到了这一点。

再者，留学生们对中法大学入学资格的要求以失败告终。无论从哪个方面看，周恩来在这场运动中都处于配合他人工作的位置上，运动失败的结果让周恩来印证了自己对这场运动的做法和战术的看法是正确的。

本来，周恩来在社会运动中始终主张对社会制度和组织结构进行改革，他认为不能对"属于精神上的人生问题和心理上的诸现象"② 熟视无睹。真正的唯物论不是物质主义，对于人生的精神侧面必须给予足够的重视。从这个观点来看，在这场运动中，在与中国政府和法国当局进行谈判之前，学生们贸然占领校舍的行为，本来就是周恩来不愿意看到的。结果，这场运动造成了部分学生被遣送回国的严重后果，让本来因学生骚乱大为恼火的法国当局和公使馆占了便宜。在周恩来看来，这种战术是绝对不能接受的。

但是，还有一点更为重要，这个事件再次肯定了周恩来"实行的手段则当因时制宜"③ 的基本思路。回顾周恩来

①《赵世炎选集》，成都：四川人民出版社，第80页。
②《周恩来书信选集》，北京：中央文献出版社，第37页。
③ 参考《周恩来书信选集》，北京：中央文献出版社，第40—41页。

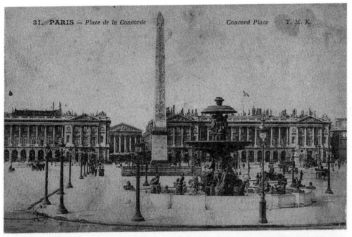

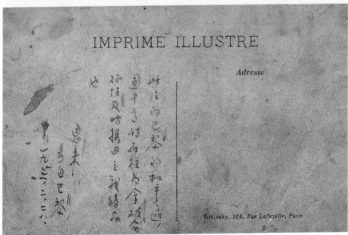

上图：周恩来寄自巴黎的明信片。巴黎的和平区
下图：周恩来书札。1922 年 2 月 28 日

的一生，他既勇敢、果断，又在战术选择上注重谈判。耐心协商是周恩来的性格，同时也是他在多次运动中总结出来的经验教训。

与有关斗争方式的反思和教训相比，通过里昂中法大学事件，更让周恩来感到忧虑的是把中国人组织到一起有多么困难。周恩来到达法国后不久，在给家乡的信中说起在中国建立中央集权政府之难时，感叹"中国民族性之庞杂"①。中法大学事件中，北洋政府、国民党、成长中的共产党组织以及留学生内部的涣散表现，越发让周恩来深刻感受到在中国齐心合力开展政治运动并不容易。这种切身感受更加激发起周恩来的决心，他在各个组织之间努力斡旋，争取在共同的目标下把大家团结到一起。

正如后面的章节中也将涉及到的，从 1921 年到 1923 年，旅居法国的中国学生大致分为三个阵营，第一个是毋庸赘言的共产党组织，第二个是国民党，第三个是一方面指责共产党依赖苏联，另一方面抨击国民党优柔寡断而独树一帜的"中国青年党"②。周恩来从较早的时候起就是共产党组织的一员，同时，他还与在第二次世界大战后一直领导经济工作的李富春一起加入过国民党。这种双重党籍

---

① 《周恩来书信选集》，北京：中央文献出版社，第 26 页。
② 许芥昱：《当代最杰出的政治及外交家：周恩来传》，高山林太郎日译，东京：刀江书院，第 44 页。

1922年，周恩来赠张蓬仙的照片

的情况在当时的那种情况下并非特殊现象，在中国国内由共产国际出面撮合的国共合作时期，李大钊、陈独秀也都有过以个人名义参加国民党的经历。周恩来不仅与国民党有关系，与中国青年党领导人李璜也有过交往。据李璜回忆录记载，1924年的一天，周恩来在巴黎的咖啡馆里，一边喝酒一边与李璜聊起共产党、国民党和青年党合作的必要性。① 对照周恩来的这段经历，可以说周恩来很早就希望中国人能尽可能地团结起来，共同开展政治运动。让周恩来与许多留学生打成一片的机会之一，正是在里昂开展

---

① 李璜：《学钝室回忆录》上卷，明报月刊丛书，第166页。

的这场斗争。另外，经过这场运动的锻炼，周恩来对结成统一战线的必要性有了更加深刻的认识。

然而在这一系列的影响之外，里昂中法大学事件本身也给周恩来的个人生活带来了不小的影响。一是显而易见的经济问题。里昂的这场风波过去之后，直接参加了这场运动，但是没有被遣送回国的学生也被当局视为眼中钉。在当时的经济形势下，勤工俭学的学生们在法国的生活越来越难以维持。出于这方面的考虑，1921 年秋到第二年的冬天，周恩来是在伦敦度过的。从 1922 年起约有一年多的时间，周恩来主要居住在柏林，偶尔在巴黎举行的集会活动上露一面。① 如此说来，里昂中法大学事件等于是周恩来旅居欧洲的一道分水岭。

---

① 中共中央文献研究室编《周恩来年谱（一八九八——一九四九）》，第 53——59 页。

第四章　客居柏林

柏林——1922 年

1922 年 9 月。

从上海驶向马赛港的法国邮轮"阿尔及尔号"。

　　船上有一位看上去三十多岁的军人，他就是日后中国人民解放军缔造者之一的重要人物朱德。就在不久以前，朱德还在率领共和派军队自四川转战云南。眼见国家统一无望，整日借酒浇愁的朱德，思想陷入极度混乱：我在为谁而战？又是为何而战？

　　当时我失去了希望，头脑一片混乱。一只脚停留在旧社会里，而另一只脚也没能踏入新世界。当时的上海有许多从云南逃难过来的人，他们没有工作，无法生活，每天都来伸手向我要钱，我说我没发大财，可他们就是不信，而且怎么解释也没用。整天围着我转，我觉得自己像个罪人似的。①

---

① ［美］艾格妮斯·史沫特莱：《伟大的道路》（上），阿部之二日译，东京：岩波书店，第 238 页。

1922年9月，朱德离开上海赴欧洲留学

为了寻求人生转机，朱德决定赴欧留学。

朱德从马赛来到巴黎后直接去了柏林。经巴黎的中国朋友介绍，朱德在柏林拜访了一位男士。那天，站在门口迎接他的这位男士"身材略高，身板挺直，目光炯炯有神，实在是英俊潇洒，活脱脱的一位美男子"①。

这位男士面容文静，目光深邃，又略显腼腆。他热情接待了朱德二人（朱德及其朋友），请他们入座，询问他们有什么事情需要帮忙。

朱德没有坐下，直挺挺地站在这位看上去比他小十多

① ［美］艾格妮斯·史沫特莱：《伟大的道路》（上），阿部之二日译，东京：岩波书店，第240页。

岁的小伙子面前，用沉稳的语气自报家门，然后一五一十地介绍了自己的来历，包括如何从云南脱身，与孙逸仙谈话的内容，在上海申请入党却遭陈独秀拒绝的具体情况，现在来到欧洲为的是寻求一条通往新生活与中国新革命的道路。朱德还希望加入柏林的党组织，表示要好好学习，踏实工作，只要不是重蹈旧生活的覆辙，自己甘愿做任何事情。①

　　朱德说话时，这位男士一直站在那里微微侧头，用心倾听，时不时地问一句。等朱德把话讲完，他表示先帮助朱德他们找个住处安顿下来。他还告诉朱德："加入柏林的党组织需要办理手续，先要把入党申请书寄回国内，在国内答复之前，只能以候补人的身份耐心等待。"②

　　毛泽东主席的亲密战友，中华人民共和国的开国元勋——朱德元帅，就这样加入了中国共产党。这说起来也是一段值得回味的名人往事。而当年朱德拜访的这位客居柏林的男士，正是后来的周恩来总理。

　　"里昂中法大学事件"发生后，周恩来又在法国停留

---

① ［美］艾格妮斯·史沫特莱:《伟大的道路》（上），阿部之二日译，东京: 岩波书店，第 241 页。

② ［美］艾格妮斯·史沫特莱:《伟大的道路》（上），阿部之二日译，东京: 岩波书店，第 241 页。

《凡尔赛和约》主要签订者。由左至右分别是英国首相劳合·乔治、意大利总理奥兰多、法国总理乔治·克列孟梭和美国总统威尔逊

了一段时间，而当时有很多同志已经被法国当局遣返回国。留在法国的中国留学生主要领导人赵世炎也迟迟没有获得当局延长签证的许可，生活处于不稳定状态。出于开展政治活动的需要以及经济上的原因，赵世炎将自己的生活重心从巴黎转移到共产党的力量比较扎实而又便于外国人生活的柏林。

周恩来于1922年春天至1923年在柏林生活。当时在德国全境，第一次世界大战余波未平。1922年1月，强硬派雷蒙·普恩加莱就任首相，德国的国内形势极度紧张。雷蒙首相采取强硬措施，要求德国全面履行《凡尔赛

1923 年，法国政府派军占领了德国的鲁尔工业区。图为占领德国鲁尔山谷的法国士兵

和约》。当法国发现经济发展乏力的德国根本无法兑现和约内容，便于 1923 年 1 月强行占领了德国的鲁尔工业区，试图将矿山置于法国的掌控之下。法国的这一霸行立刻遭到了德国右翼国家主义（极权主义）势力和左翼组织共产党的一致反对和抵抗。

但是，在这场全国性的抵抗运动背后，一股股暗流涌动，法国多种政治势力严重对立，斗争激烈。1922 年 6 月 4 日，魏玛共和国政府的关键人物、政治家菲利普·谢德曼在与女儿散步回家的途中，遭遇右翼激进派青年的袭击。二十天后，与苏联签订友好条约的德国外交大臣瓦尔特·拉特瑙在离家前往外交部的车子里被支持希特勒的青年杀害。

目击者克里舒宾说，10 时 45 分左右……从国王林荫大道方向缓缓驶来两辆轿车，前面那辆车的后座上坐着一位绅士……跟在后面的是一辆可容纳六人的旅行轿车，里面坐着两名身穿崭新皮夹克的男子……大车从道路右侧超过小车，并将小车逼到路的左侧，当超过小车的半个车身时……其中一名男子手握长柄手枪，瞄准目标。其实他完全没有瞄准的必要，因为目标太近了……急促的枪声响了。男子开枪后，另一个男子起身，又向那辆车里投掷了一枚手榴弹……其实，那位绅士已经中弹，瘫倒在车座上……手榴弹瞬间爆炸，发出一声轰响。后座上的人被炸飞，连轿车也弹了一下。[①]

说起 1922 年 6 月，正是共产党青年组织在巴黎召开成立大会的日子，周恩来也参加了这次大会。会后，周恩来立刻赶回柏林。[②] 这个时候与暗杀拉特瑙的这个爆炸性新闻仅相隔几天，周恩来也应该听说了此事。至于周恩来当时有没有意识到，自己今后在中国的革命道路上将要经

① ［日］平井正：《柏林（1918—1922）》，东京：SERIKA 书房，第 369 页。
② 中共中央文献研究室编《周恩来年谱（一八九八——一九四九）》，第 55 页。

历多少个生死攸关的险境，我们目前还无法证明。

拉特瑙的一位私交、传记作家斯蒂芬·茨威格在拉特瑙遇难的当天正好在柏林，正如他在缅怀拉特瑙的那篇令人感动的文章里所说的那样，拉特瑙和周恩来都具有出类拔萃的国际风范、历史眼光和强烈的使命感。在那个外部敌对势力和内部反对者兴风作浪的年代，拉特瑙正在为自己是否接受这个令人挠头的外相职务而苦恼。据说他对阻止自己出任外相的母亲说了如下的一番话，然后毅然决定出任外相。

> 我们身为人类……都在神的工地上做工。有人在宏伟而敞亮的殿堂里接受锻炼，有人则在黑暗而龌龊的殿堂里接受考验……结果有人必然向善，有人必然向恶。然而最终人人都会死去……走向各自的尽头，坠入那个难以名状的属于我们的万丈深渊……①

拉特瑙所言"神的工地"，实际上就是周恩来心目中的"革命事业"。

当右翼势力抬头的时候，以共产党为核心的左翼阵营并没有袖手旁观，德国共产党与莫斯科共产国际的关系日

---

① ［日］平井正:《柏林（1918—1922）》，东京：SERIKA 书房，第 371 页。

益密切。到了 1923 年，他们准备在德国发动一次革命起义。结果，共产党在当年 10 月不顾部分人的强烈反对，在德国中部以及汉堡，揭竿而起。周恩来当时已经离开德国，没有目睹德共领导的这场代号为"革命的最后尝试"的起义，但是各地频发的罢工仍然让他领略了这股日益高涨的政治洪流。

即使在柏林，人们也能看到工人运动的壮大和工人觉悟的提高。1922 年，正在柏林访问的伊利亚·爱伦堡也用文学家特有的讽刺手法描述了当时柏林工人的具体情况。

在柏林东部及北部地区，时不时听到《国际歌》的歌声。那里既没有美钞交易，也没有因凯撒大帝过世而悲伤的人群。那里的人们虽然吃了上顿没有下顿，但是仍在不停地工作着，期待爆发革命的那一天。他们以强烈的忍耐，甚至是超强的忍耐，盼望革命的爆发。我多次看见过工人们的示威游行。他们表情阴郁，排着长队，挥舞拳头向前行走。到了时针指向两点的午餐时间，游行活动一准结束。一位工人的话我记忆犹新，他一再向我证明自己所在的工会，会员人数还在不断增加，无产阶级必将取得最后的胜利。他的话表现了一个工人对组织的热情——溢于言表的热情！然而我却想，这种热情在德国未免有些过火了吧。[①]

然而在这个时期，柏林生活最富戏剧性的一幕便是令人惊悚的通货膨胀。这里的通货膨胀简直恶化到了天文数字。"1921 年 1 月，1 美元可兑换 15.5 马克，一年后迅速上涨到 45.5 马克。1922 年 7 月是 118 马克，到了 12 月，又猛然蹿到了 1800 马克！"[②] 当时住在柏林的不少日本人都以不同形式记录下了这个惊心动魄的情景。

拿着少许日元去银行，换回的马克把身上所有的衣兜都塞得满满的，结果还是塞不下。看来下次再去银行的时候，一定要把从日本带来的包袱皮准备好。[③]

1923 年夏，正在德国留学的德语学者小宫丰隆，具体描写了因通货膨胀严重，当局印制发行面额 500 万马克纸币时的情景。

---

① ［苏］伊利亚·爱伦堡:《我的回想》第三部，东京:朝日新闻社，第 12—13 页。

② ［英］詹姆斯·焦尔（James Joll）:《欧洲百年史》（2），池田清日译，东京:MISUZU 书房，第 62 页。

③ ［日］村山知义:《演剧的自述传》（2），东京:东邦出版社，第 74 页。

在柏林，马克的汇率剧烈变动，1英镑竟然飙升至350万马克。我拿着一张5英镑的纸币来到三菱银行的一家支行，他们说没有零钱找我，于是我掏出一些零钱，他们将4张崭新的500万面额的马克递给了我。我拿着这些钱转身到了隔壁的唱片店，取回昨天预订的唱片。

昨天已经交了50万马克的定金，今天应该再付416万。那么，如果我用这张刚兑换来的500万大钞支付，柜台应当找给我80万，是吧？

可是这张500万的钞票却让我犹犹豫豫。因为这是今天刚刚发行的新币，尽管以前已经有了10万、20万、50万的大钞，可是现在又突然蹦出来一张500万的巨钞，这可是前所未有的新鲜事儿！于是，我觉得自己使用的仿佛是假币，有一种负罪感。我甚至想象，当我掏出这张巨钞的时候，收银员、售货员乃至周围的顾客们肯定大惊失色。我犹豫再三，还是让同伴把钱交到了收款台。

果然不出我之所料，这张500万马克的巨钞从收款台开始，立刻在全店引起了轩然大波。500万！500万！牢骚声此起彼伏。从收银员、售货员以及周围的顾客的诧异目光里，还流露出了几分羡慕的表情，有人不时地瞟我一眼。女孩们的眼神更是近乎勾人，让躲在角落里的我坐立不安。①

通货膨胀和经济混乱，理所当然地导致社会上偷盗、抢劫等犯罪行为泛滥成灾。1921年末，从柏林至汉堡的火车上信用证被盗的诗人斋藤茂吉，遂以幽默的笔致描绘了这个盗窃成风的世道。

下面所写的内容，是在我失窃一周后一位朋友告诉我的。就在我被盗的那段时间，柏林至汉堡的火车上有个盗窃团伙，由三四个人组成。他们分散在一等车厢和二等车厢里，一旦得手，便把赃物迅速转移给同伙，行窃者的手里不留赃物，到了下一个车站便溜下车去。听说他们还使用一种特殊的挥发性很强的药液，让车厢里的乘客全都陷入昏睡状态，趁机作案，将乘客的行李摸个遍。这类事件还上过报纸，题目叫"Bauernfager"，我的朋友是德语专家，他觉得这个词用得很有意思，便嘲笑我说，斋藤君，你居然被人家当作Bauern给俘虏啦！但是，这个词的本意是收容农村盲流的人，或者是围剿乡下盲流的专项行动，总感觉就像蜘蛛捕捉昆虫一样，老实巴交的乡巴

---

① ［日］小宫丰隆：《涩柿抄》，载《世界纪行文学全集》(7)，《德国》，东京：修道社，第271页。

佬，一抓一大把。[①]

在柏林，一边是强盗、妓女、战争遗孤，另一边是动荡、颓废与混乱的社会，有人营养不良，也有人及时行乐。整个社会乌烟瘴气，"西欧的没落"致使人们怨声载道。

实际上，很少有人读过斯宾格勒的《西方的没落》这本书，但这个书名却无人不晓。作者感慨自己身边文明的毁灭而精心著作的这本书（俄语版书名为《欧洲的没落》），从厚颜无耻的投机者和杀手，到自恃清高的文人骚客，人们都在引用斯宾格勒的那句话——既然毁灭时刻已经来临，故作高雅也无济于事。市场上甚至还出现了一款名为"西方的没落"的香水。

罢工运动司空见惯。在一家名叫"耶奥斯奇"的咖啡馆里，一位仪表堂堂的客人突然摔倒在地，坐在旁边的医生诊断后大声喊道：请给这位先生上一杯真正的咖啡……他是因营养不良而晕厥的……日子越来越艰难，但人们依然热情饱满地认真工作着。

在拥挤的电车里，我被人骂作波兰的狗。我还见过一

---

①［日］斋藤茂吉:《盗难记》，载《世界纪行文学全集》(7)，《德国》，东京：修道社，第210页。

个资本家的豪宅门口写着"闲人免进",墙上还用粉笔写道:"杀死犹太人"。[①]

我们未必能够揭示那个年月的周恩来是如何看待这个颓废、贫困与混乱不堪的德国社会的,或者他对这个社会是怎么想的。不过,因为通货膨胀,让周恩来在这里比在巴黎的日子要宽裕些,所以周恩来才有了充足的精力和时间去观察和思考战争给人们带来的悲哀及其历史原因。如果说是每天为生活所迫的巴黎留学生和卖苦力的中国同胞们,帮助了周恩来进一步接近无产阶级生活和思想,那么,柏林社会的混乱、动荡和颓废,则给了周恩来一个从外国人角度冷静观察和深入思考的机会:一旦国家在政治军事政策上误入歧途,将会招致何等悲惨的结果,面对混乱不堪的祖国——中国,又该如何开辟她的未来。如此说来,柏林无疑是一个典型的反面教员。

剑拔弩张的德法关系,举步维艰的德国经济,对于居住在柏林的周恩来来说,不仅思想方面具有实际意义,而且柏林的日常生活也并非事不关己。这里值得一提的是鲁尔工业区的煤矿,这里生产的煤炭是城市供暖必不可少的燃料。周恩来在柏林生活的那年,秋天异常寒冷,与周恩

---

① [苏]伊利亚·爱伦堡:《我的回想》第三部,东京:朝日新闻社,第14—15页。

1922年春，周恩来与入党介绍人张申府（右一）、刘清扬（右二）等在柏林万赛湖合影

来同期居住在柏林的日本留学生里，有一位名叫阿部次郎的哲学家。阿部这样描述了当时柏林的秋天：

公元一千九百二十二年的秋天是寒冷的。人称"丰收之月"的9月，本应是一年中不冷不热的宜人季节，谁知这里风寒料峭，葡萄、苹果、土豆的收成不好，当地人忧心忡忡，愁眉不展。9月还没过完，我这个外国人就已经开始生火取暖了，而德国的大部分煤炭都被当局挪用抵偿战争赔款，本国所需的燃料却要进口，德国人已到了忍无可忍的地步！即将来临的冬季加之煤炭紧缺，让本来已经焦虑不安的德国人不寒而栗。就这样，寒冷的冬季还是马不停蹄地赶来了。①

　　鲁尔煤炭不足让柏林的冬天雪上加霜，资源问题在德法两国之间酿成一场国际纠纷。也许周恩来试图探明其中的底细，在柏林期间，他甚至跑到鲁尔地区进行实地调查，还在那里给乡亲写了封信，这封信至今仍保存在中国历史博物馆里。

---

① ［日］阿部次郎：《德国的冬天》，《世界纪行文学全集》（7），《德国》，东京：修道社，第253页。

在柏林初遇朱德

煤炭短缺始于 1922 年秋天，一直延续到第二年的冬天，这无论对于德国这个国家，还是对于周恩来个人，都是一个极其严重的问题。这个问题的出现意味着在战后混乱不堪的柏林，国家问题与个人生活出人意料地联系在一起。

在这个背景之下，周恩来在柏林的每一天究竟是怎样度过的呢？这里遇到的第一个问题是周恩来在柏林身居何处。不可思议的是有关周恩来在柏林的住所至少有三种说法。

中共中央文献研究室编写的《周恩来年谱》认为周恩来住在柏林郊区，甚至给出了寓所的街道门牌号码。[①] 再看许芥昱的相关著作，他对周恩来青少年时期的陈述最为详尽，并且被海内外有关周恩来的各类传记作为原始资料广泛引用。许芥昱引用了当年中国留学生的证言，认为周恩来"租住的是威廉大街的高级住宅区"[②]。另外，据苏叔阳的《大地的儿子——周恩来的故事》以及近期其他文献

---

① 中共中央文献研究室编《周恩来年谱（一八九八——一九四九）》，第 53 页。
② 许芥昱：《当代最杰出的政治及外交家：周恩来传》，高山林太郎日译，东京：刀江书院，第 41 页。

1922 年，周恩来在柏林。右一为周恩来，左一为赵光宸

上图中的周恩来

介绍，周恩来的住址是"柏林坎特大街"。^①

　　其中，有关周恩来住在威廉大街的记载难以采信。翻开 1922 年版的柏林地图，威廉大街所在的柏林市中心，坐落着总理官邸、外交部以及威特海姆百货商店和凯撒霍夫酒店，可与著名的菩提树大街平起平坐，属于柏林最繁华的街道之一。尽管德国的通货膨胀让生活在这里的外国人手头宽裕了一些，但作为一介普通的留学生，难以想象周恩来会长期居住在如此高档的地区。即便是中国同事在这里遇到过周恩来，恐怕也只能说明周恩来在这一带活动过。

　　另一种说法里的坎特大街位于柏林西部的动物园附近，同期留学柏林的阿部次郎就住在威廉广场往南不远的地方^②，坎特大街离那里很近，这倒不失为一种能够让人信服的说法。

　　而《周恩来年谱》里关于周恩来住在柏林郊外的说法，让我们实在是找不出他非要住在郊区不可的理由。如果是临时居住，是远是近也无关紧要，但是周恩来客居柏林长达一年以上，让人很难想象他在郊外是怎么生活过来的。

----

① 苏叔阳:《大地的儿子——周恩来的故事》，竹内实日译，东京：SAIMARU 出版会，第 81 页，又，怀恩:《周总理的青少年时代》，成都：四川人民出版社，第 184 页。

②〔日〕阿部次郎:《柏林的夏天》，《世界纪行文学全集》(7)，《德国》，东京：修道社，第 236 页。

总之，周恩来留法期间经常往返于柏林和巴黎之间，他几次变更柏林的住处也是可以理解的。中国的相关机构近期出版发行的周恩来传记，对于周恩来在柏林的住处以及活动，几乎只字未提（对周恩来同一时期在巴黎的情况有所涉及），由此可见，或许是因为关于周恩来在柏林的日常活动及住所没有留下什么可靠的记录。

　　对于周恩来的住处，有些资料做了间接的叙述。比如，当时与周恩来联系密切的赵世炎在书信中提起过，1922年4月26日赵世炎给友人写过一封信，他在信的末尾说："有关我在欧洲的行动，你暂时对国内认识我的朋友保密。我们之间的来往信件阅后即焚。"[1] 赵世炎当时秘密居住在法国北部，这封信寄出后隔了几个月，他在给这位友人的信中再次提到，收到了在德国的朋友周恩来等人的联名信件。[2] 这说明赵世炎和周恩来的联系比较密切，但大家似乎对自己的行踪及联络方式互相保密。前文引用了朱德在柏林与周恩来相遇的那段描述，起因是在巴黎的中国人告诉朱德"如果想加入共产党组织，就去柏林找一个名叫周恩来的人"。可见"里昂中法大学事件"发生后，共产党领

---

① 赵世炎:《给吴明的三封信》，载《赵世炎选集》，成都：四川人民出版社，第73页。

② 赵世炎:《给吴明的三封信》，载《赵世炎选集》，成都：四川人民出版社，第74页。

1922年9月，朱德（右）和孙炳文（左）在德国柏林

导的旅欧中国留学生的活动仿佛披上了一层神秘的面纱。

处于这种历史背景之下，涉及周恩来日常生活的文献资料本来就不够充分。但是，如果沿着仅存的线索，依据朱德的自述推测，或许也可以在一定程度上复原周恩来的柏林生活。

根据朱德的回忆，在旅居柏林的中国人当中，属于共产党派系的人或者自学德语，或者当个旁听生到大学听课，每周还举办三次研修活动，一起阅读讨论《共产党宣言》

《共产主义 ABC》等马克思主义文献。^①当时在柏林，周恩来是共产党派系中国人群体中的核心人物，他经常往返于柏林和巴黎之间，为建立活动网点而奔走，他肯定也参加过学习和讨论活动。根据当时在柏林的中国留学生回忆，周恩来经常去中国学生会馆，坐在沙发上兴致勃勃地看同学们打乒乓球。^②而且，就像朱德"持中国领馆的介绍信去参观大型工厂"^③一样，周恩来有时也走出去参观和考察工厂，到鲁尔工业区参观煤矿就是其中一例。

朱德除了参加上述学习、参观和讨论等正式活动，也没放过柏林丰富的文化生活。有中国的同事对当时的朱德这样回忆道：

他一定在市内的某个地方，昨天去了美术馆，前天去了军事博物馆，昨晚还听了音乐会。对，音乐会！他静静坐在那里，听得很入神，贝多芬等大音乐家创作的曲子，他很喜欢。他还说自己不会错过贝多芬写的任何一首曲子！

还有个学生说："朱德强拽着我去看歌剧，我看着看着

① ［美］艾格妮斯·史沫特莱：《伟大的道路》（上），阿部之二日译，东京：岩波书店，第 242 页。
② ［英］威尔逊：《周恩来传》，第 64 页。
③ ［美］艾格妮斯·史沫特莱：《伟大的道路》（上），阿部之二日译，东京：岩波书店，第 246 页。

就睡着了，散场后朱德问我感觉如何，我回答说幕间休息时的三明治，味道不错。结果回来的路上听了他一路的数落。当然我挺喜欢体育官大集会时唱的那首歌，但其他的那些德国音乐，对我来说不过是高分贝噪音而已。"①

当时在柏林严峻的经济生活中，文化活动依然繁盛。1922年1月，在柏林爱乐乐团执棒二十七年的阿瑟·尼基什离世，接替他的威尔海尔姆·富尔特文格勒也名扬全球。在美术界，瓦西里·康定斯基举办个人画展。剧场里上演的是奥地利剧作家阿图尔·施尼茨勒的《轮舞》……这些文艺活动在当时的外国人中间都十分抢眼，只是我们无法知道周恩来是否有机会观看。在柏林期间，周恩来经常给巴黎的共产党发行的杂志《少年》投稿，经常出席巴黎举行的集会活动。如此看来，他恐怕没有时间沉浸在柏林的文化生活里。1922年3月，周恩来忙里偷闲，为悼念两个月前因领导长沙工人罢工被军阀杀害的黄爱写了一首诗，表达了他对昔日觉悟社战友的悲痛和惜别之情。浓浓的诗意给人的印象是周恩来已经有意无意地接受了柏林文化的熏陶。这首诗最富激情的部分是这样写的：

---

① [美] 艾格妮斯·史沫特莱:《伟大的道路》(上)，阿部之二日译，东京: 岩波书店，244页。

没有耕耘，

那来收获？

没播革命的种子，

却盼共产开花！

梦想赤色的旗儿飞扬，

却不用血来染他，

天下那有这类便宜事？ ①

在这首诗里，周恩来表示要用鲜血染红旗帜，恐怕这决不仅仅是刻意渲染的诗意，现实中，无论是周恩来的故乡中国，还是他眼下客居的柏林，都在不断发生流血事件。在他来到柏林几年前的 1919 年 1 月，德国社会主义运动的著名领导人，卡尔·李卜克内西与罗莎·卢森堡在左翼和右翼激烈交锋的抗议运动与骚乱中惨遭杀害。虽经数年，那段往事仍鲜明地留在人们的记忆里。

日暮时分，罗莎·卢森堡因头痛伏于案上，威尔海姆把《红旗报》的清样拿了过来。这时，门铃响了。只见房东梅凌站在门外，说是想见李卜克内西和卢森堡夫人。开

---

① 周恩来致李锡锦、郑季清的信，载《周恩来书信选集》，北京：中央文献出版社，第 46 页。

卡尔·李卜克内西 (1871—1919)　　罗莎·卢森堡 (1871—1919)

始二人都佯装不在，但梅凌不肯罢休，喊来林德纳陆军少尉手下的士兵对房间进行搜查，确认身份后便把他们二人抓走了。他们被带到近卫军骑兵部队司令部驻扎的伊甸酒店。那里早已有人等候他们。此后，事情处理得异常迅速，同时消息也很快传开。

二人在伊甸酒店受到严刑拷打。李卜克内西的头部被枪托殴打致两处出血，他想用绷带包扎一下却遭到拒绝，想去厕所也被人拦住。后来二人被关在楼上负责这次抓捕行动的指挥官、陆军上尉巴布斯特的房间里⋯⋯

随后，李卜克内西与卢森堡又先后遭到毒打，楼上楼下拖来拖去，最后把他们交到了早先成立的行刑分队手里⋯⋯

卡尔·李卜克内西和罗莎·卢森堡的纪念碑。柏林，建于 1987 年

两部汽车间隔几分钟，一先一后驶向蒂尔加滕。行至柏林动物园时，李卜克内西被推下车去，脑后部中弹，当场身亡，其尸体再次被投入车内，作为"无名死尸"交给尸体公示所处理。

罗莎·卢森堡从伊甸酒店出发后不久，被枪击中了太阳穴，在列支敦士登桥上被扔进了兰德韦尔运河。①

这就是震惊德国及欧洲的李卜克内西与卢森堡被害事件的真相。1919 年 1 月 16 日，德国各大报纸刊登了他们死亡的消息，声称李卜克内西被捕后在押送途中企图逃跑而被射杀，卢森堡是被愤怒的群众从押送兵手中劫走的。纯粹是一

---

① ［德］塞巴斯蒂安·哈弗那:《被背叛的德国革命》，山田义显日译，东京：平凡社，第 252—254 页。

派胡言！二人并非死于暗杀或事故，而是被当局有意谋害的。

遇难前，他们住在罗莎·卢森堡的秘密住所里，频繁更换过藏身地点，他们当然知道自己是当局全力搜捕的对象。事已至此，他们为什么不逃离这个处境危险的柏林呢？因为柏林到处洋溢着满腔热情的革命家所独具的乐观主义精神，远大的抱负让他们心甘情愿在历史的潮流中放手一搏，坚定的信念让他们为自己的历史使命勇于献身。

周恩来在一生中注定要反复经受生与死的考验，例如1927年三四月间的上海起义和同年8月的南昌起义。然而，周恩来的心里常怀着革命家所特有的乐观主义精神。周恩来胆大心细，既善于运用冷静的政治手段，也注重人与人之间的感情。在他的内心深处或许早已经有了心胸豁达的积极因素。

1923年1月16日，周恩来出席了在柏林举行的悼念李卜克内西与卢森堡的集会。当时浮现在周恩来脑海里的不是这两位未曾谋面的德国籍领袖，而是一年前的1月15日，为革命牺牲、用鲜血染红祖国大地的两位朋友——黄爱和他的战友庞人铨。① 一个拥有政治信念与人生信仰的团体，常常为了自身的团结和事业付出必要的牺牲，而烈士的鲜血更加坚定了幸存者的诺言和决心。

---

① 周恩来致李毅韬、谌小岑的信，载《周恩来书信选集》，第52页。

德国的教训

　　周恩来迁居柏林，与"里昂中法大学事件"后中国留学生政治运动的混乱以及多数同事被强制遣返密切相关。此外，法国的雷蒙·普恩加莱政府开始实施民族主义政策，对外国人，尤其是中国人以及参与社会主义运动的年轻人来说，法国的生活环境已经不适合他们久留。周恩来迁居柏林与此不无关联。另外，柏林社会主义的烈火仍在熊熊燃烧，与莫斯科的共产国际之间的联络也更加方便。

　　在这种形势下，周恩来游学柏林的第一件事是成立旅欧华人社会主义组织。周恩来频繁来往于巴黎与柏林之间，在矛盾重重的几个政治团体之间奔走斡旋。周恩来出面组织共产主义团体，其背后既有蔡和森、赵世炎等几位前辈的尽力支持，也有各派之间复杂的斗争与和解的历史因素。

　　本来，在欧洲最早成立的中国留学生社会主义团体是工学世界社，该组织受蔡和森的影响较大，而蔡和森又与毛泽东关系密切。因此，工学世界社与毛泽东在家乡成立的新民学会保持联系，组织成员有李富春、李维汉等，他们中的多数人住在巴黎东南一百多公里的小城——蒙达尔纪，因此，他们也常被人称为"蒙达尔纪派"。[①]

　　蒙达尔纪派的学生经常借用学校的教室开展集会之类的活动，墙壁上挂有蔡和森亲笔抄写的《共产党宣言》，学生们经常围坐在破旧的课桌前开会讨论。1920年12月，工学世界社共有三十多名成员。开会时，大家经常围绕空想社会主义、无政府主义、马克思主义等问题展开热烈讨论。蔡和森积极倡导无产阶级专政和社会主义革命论，经常以此来激励大家。[②]到了第二年的1921年，工学世界社成员一方面与国内的新民学会会员继续保持联络，同时又开始筹备成立一个更加完善的政治组织。[③]

　　另外，1920年6月抵达法国的赵世炎在与故乡的陈独秀保持密切联系的同时，也计划在法国组织工人开展政治运动。在勤工俭学运动的纷杂事务中，赵世炎最重视的是在工厂劳动中与工人打成一片，而不是通过"学业"改造思想。到了1921年初，赵世炎与李立三等人成立了"劳动学会"，开始发行《华工周报》等宣传读物，以进一步

---

① 王永祥、孔繁丰、刘品青:《中国共产党旅欧支部史话》，中国青年出版社，第82页；侯均初:《周恩来同志与中共旅欧支部》，载刘焱、米镇波编《周恩来研究文选》，南开大学出版社，第110页。

② 王永祥、孔繁丰、刘品青:《中国共产党旅欧支部史话》，中国青年出版社，第83页。

③ 王永祥、孔繁丰、刘品青:《中国共产党旅欧支部史话》，中国青年出版社，第84页。

发动群众。①劳动学会的会员们利用周日和节假日的休息时间走访工厂，与工人们讨论国际问题和政治问题。但是很多会员对马克思主义还不够了解，赵世炎和李立三又把工作重点转移到扩大组织的规模上，尽管这种做法在几年后被批评为在思想方面"对边劳动边学习的想法抱有一定的幻想"②，但从发展的角度来看，组织确实取得了不小的进步，到了1921年6月前后，他们发展了上百名会员，并且成立了"勤工俭学学会"③，成员也包括日后在"国共合作"中发挥了重要作用的王若飞。

李立三等人与蔡和森他们之间存在的思想分歧，现在看来是源于知识分子之间普遍存在的迫切希望社会变革的烦恼。他们认为缺乏知识，没有坚定的思想，就不能进行改革，因此当务之急必须加强学习，培养中国留学生的使命感和精英意识。但是，要想组织和开展社会运动和工人运动，关键是进一步团结工人，奠定统一的思想基础。无论是思想教育工作，还是开展运动，把当前的工作重点置于思想教育上还是开展运动上，决定了这些知识分子的行

---

① 王永祥、孔繁丰、刘品青：《中国共产党旅欧支部史话》，北京：中国青年出版社，第85页。

② 侯均初：《周恩来同志与中共旅欧支部》，载刘焱、米镇波编《周恩来研究文选》，南京：南开大学出版社，第111页。

③ 王永祥、孔繁丰、刘品青：《中国共产党旅欧支部史话》，北京：中国青年出版社，第86页。

动方式。换句话说，蒙达尔纪派与非蒙达尔纪派的差别，就好比学生游移的内心，究竟是选择"知识分子"还是选择"工人"。出现在勤工俭学学生中的这种动摇，比国内普通学生的彷徨更加剧烈。与国内那些生活清苦却仍不失"知识分子"自尊的学生不同，他们身处异国他乡的法国，毕竟在以外来民族、外国劳工的身份忍受当地资本家的剥削和压迫。更何况他们背井离乡，举目无亲，这里没有他们逃避苦难的落脚之处，也没有让他们得以喘息的避风港。

　　这里还有一个西方各国如何看待中国的问题。历史与文明绚丽多彩的中国形象，如今在政治混乱与经济贫困中一败涂地。身为一个中国人，站在欧洲的大庭广众面前，他们不仅不能置中国混乱和腐败的后果于不顾，而且负有义不容辞的责任。这种处境对年轻的知识分子而言，几乎是一种难以忍受的屈辱。一个人，无论他是多么的飞黄腾达，是否拥有万贯家财，只要整个中国仍然处在如今这般的悲惨境地，那又有什么意义呢——人们产生这种怀疑是再正常不过的了。既然如此，是不是应当让中国像欧洲列强一样发生变革，号召人们为实现资本主义与近代民主主义社会而献身呢？有的学生就是怀着这种思想走上这条道路的。然而，蔡和森、李立三，还有周恩来，他们却不是这样想的。为什么？

　　其中的一个原因与他们所处的欧洲社会动荡不安和经

济萧条有关，剥削东方国家劳工的西欧社会正在陷入矛盾与混乱之中。当时，莫斯科、列宁格勒、慕尼黑、汉堡以及柏林等地的社会主义运动日益高涨，有的国家已经建立起共产党政权，有的国家也萌发了这种可能性。正是那些西方的"民主主义、资本主义"国家，正在以国家的名义，通过长期的殖民统治剥削和压迫自己的祖国。

在这种形势下，具有悠久历史和灿烂文明的祖国仍在遭受各国列强的欺辱和蹂躏，那些身为知识分子的中国留学生们在勤工俭学中为赚取微薄的收入当牛做马，共同的命运把他们紧密联系在一起。因此，学生中的进步分子萌发了拯救中国不仅要推翻封建主义，还必须改变资本主义制度的想法也就不足为奇，因为只有这样才能拯救中国，拯救自己。

随着学生觉悟的不断提高，相互联系的越发紧密，共同的命运让蒙达尔纪派和非蒙达尔纪派之间的隔阂逐渐消除。1921年春，蔡和森与李立三连续三天在蒙达尔纪开会协商，促使两派携手并肩，共同推动学生运动向前发展。[①]

几乎是在同一时间，受陈独秀委托试图建立共产党组

---

① 唐纯良:《李立三传》，中村三登志日译，东京：论创社，第38页。

1921 年春在巴黎，周恩来与旅法的张申府、赵光宸、李愚如、刘清扬等合影。后排左三为周恩来

织的张申府，邀请刘清扬和周恩来在巴黎成立了党小组。[①]
事实上，我们虽不能否认他们有过类似的举动，只是在
1921 年的春天，在他们生活的柏林，不可能具备建立党
组织的基本条件。首先，当时连中国国内也还没有形成共
产党的组织，只是在维经斯基和杨明斋这两位共产国际的
代表到达中国后，在他们的具体帮助下，中国共产党才于

[①] 据《张申府访谈录》（收录于《怀念周恩来》）记载，1921 年 2 月间，张申府介绍刘清扬入党，其后，张申府又和刘清扬一起介绍周恩来入党（同上，第 234 页）。另据侯均初《周恩来同志与中共旅欧支部》，1921 年 3 月张申府介绍周恩来入党，载刘焱、米镇波编《周恩来研究文选》，南开大学出版社，第 110 页。

1921 年 7 月召开了第一次代表大会。[1] 其次，留法中国学生的学费和生活待遇方面的问题迫在眉睫，让刘清扬和周恩来他们脱离这些亟待解决的实际问题，为了远大的政治目标去动员学生，成立党组织也是不现实的，更何况学生自身的思想境界也没有达到那么高的程度。

事实是，在 1921 年 7 月于蒙达尔纪召开的工学世界社大会上，蔡和森呼吁建立少年共产党，以来宾身份在会上发表致辞的李立三也表示赞成。尽管如此，这个问题仍然在与会者中引起了激烈的争论[2]，这也反映出当时中国留学生之间思想斗争的错综复杂。要制止这种不团结的局面出现，集中精力开展组织建设工作，就必须动员大家参加诸如"反借款运动"及"里昂大学事件"之类的大规模学生运动，并且为之付出"血的代价"。

关于周恩来的德国之行，我们可以毫不夸张地评价为一次"顺应时代大潮"的具体行动。适逢共产国际在中国境内积极活动，远在欧洲的德国也即将成为西欧共产主义运动的中心。与此同时，法国政府迫于普恩加莱的压力出现了右倾化趋势，加之受到"里昂大学事件"的影响，有许多同志被遣返回国，中国人在法国的活动愈发不便。在

① 关于该大会的具体日期另有一种说法，陈志让（Jerome Tsien），《毛泽东》，德田教之日译，东京：筑摩书房，第 289 页。参考本书第 223 页注②。
② 唐纯良：《李立三》，中村三登志日译，东京：论创社，第 39 页。

这种情况下周恩来来到了德国。与此同时，张申府、刘清扬等人也先后抵德，与张伯简等人会合，在德国迅速创建了共产主义小组。[①] 如果说在他们行动的背后有来自中国国内的指示和共产国际的支持，这种说法也顺理成章。

无论如何，以成立党组织为主要目的来到柏林的周恩来，在这里吸取了不少教训，这些教训亦可称为"德国教训"。

在德期间，周恩来果断摈弃了类似明治维新的传统思路，即在资本主义体制下发展工业的所谓"实业救国"思想。周恩来离开柏林回到法国后在杂志上发表的文章，其中有不少内容清晰地表达了上述观点。[②] 换言之，周恩来在柏林期间切身体会到，在发展经济之前应当首先发动一场旗帜鲜明的政治革命，为了实现这场政治革命，还需要效法共产党，建立一个基础牢固的政治组织。他是这么想的，也是这么做的。

然而，仅有政治组织是远远不够的。目睹了20世纪20年代德国革命运动的周恩来，与卢森堡一样，深知革命

---

① 王永祥等：《中国共产党创立时期的周恩来同志》；刘焱、米镇波编《周恩来研究文选》，南京：南开大学出版社，第103页。

② 伍豪：《共产主义与中国》，《少年》第二期。

的命运掌握在军队的手里。① 我在前面也引用过周恩来写给邓颖超的那封题为《德法问题与革命》的信，他在信中强调了卢森堡的那句名言："我们若无军队便不能革命。"②

① 本书第 228 页注①；参考刘焱、米镇波编《周恩来研究文选》，第 107 页；怀恩：《周总理的青少年时代》，成都：四川人民出版社，第 180 页。
② 王永祥、孔繁丰、刘品青：《中国共产党旅欧支部史话》，北京：中国青年出版社，第 97 页。

共产主义青年团旅欧支部

1922 年 6 月，在巴黎西郊的布伦森林里一家小咖啡馆，"旅欧中国少年共产党"在革命的历史潮流中正式成立。身着乳白色风衣的周恩来在成立大会上报告了党规党章。会上，代表们选举赵世炎为书记，周恩来为宣传部部长。"我们这样不动声色地聚集在一起，即便有人路过，大家只要默不作声，别人就不知道我们在做什么"，周恩来在这里一半是鼓励，另一半是告诫同志们处事要小心谨慎。[①] 参加集会的代表共约二十名[②]，会上决定将今后的办公地点设在巴黎东南部意大利广场附近戈德弗鲁瓦街 17 号的戈德弗鲁瓦旅馆。这家小旅馆离巴黎的华人街比较近，陈独秀的儿子们以及王若飞等四五个人都住在这家旅馆里，联络起来也很方便。从此以后，周恩来每次来巴黎也都住在这里。这家旅馆便是周恩来在巴黎的根据地。

---

① 王永祥、孔繁丰、刘品青：《中国共产党旅欧支部史话》，北京：中国青年出版社，第 96 页。

②《周恩来年谱》的说法是二十三人（该书第 55 页）；王永祥、孔繁丰、刘品青等：《中国共产党旅欧支部史话》说是十八人（该书第 95 页）。

在布伦森林的合影。后排右起第六位是周恩来，前排左起第二位是赵世炎，
右起第四位是王若飞，第七位是陈延年

戈德弗鲁瓦旅馆。"旅欧中国少年共产党"在巴黎的办公地点

旅欧中国少年共产党成立后,各种活动开展得更加有序,也更加积极。他们除了经常碰头开会研究工作,还定期发行刊物。半年后,党员数量也有所增加,从成立之初的三十余人发展到七十余人。[①] 不过,他们与国内的组织关系以及与莫斯科共产国际的关系尚不明确。也许正是由于这个缘故,新成立的这个组织应当如何称呼的问题已经迫在眉睫。如果称为"共产党",容易给人造成一种类似结党营私的印象,与国内共产党的组织关系就会不清不白,

---

① 本书第 228 页注①;刘焱、米镇波编《周恩来研究文选》,南京:南开大学出版社,第 105 页。

如果叫作"中国共产党巴黎支部",可是他们与本部的隶属关系尚处于暧昧状态。出于上述种种顾虑,经过再三斟酌,他们选择的正式名称是"中国共产主义青年团旅欧支部"。1923年2月,青年团第一次正式会议在巴黎郊外一个小村庄的教堂里召开。[1] 出席大会的有四十二人,当时的团员在法国有五十八人,比利时六人,德国八人,旅欧支部共有团员七十二人。[2] 大会开幕时赵世炎为主席,但因为当时赵世炎已经决定前往莫斯科[3],故选举周恩来为书记。从此,周恩来便成为中国共产党在西欧开展活动的核心人物。

再者,一个政治组织与它所从事的宣传活动应该是表里如一的。1922年8月,旅欧支部开始创办自己的油印机关刊物——《少年》月刊。他们与共产党组织的不断完善同步,积极宣传共产主义思想和马克思主义。周恩来在《少年》杂志上发表了《共产主义与中国》和《所谓宗教并不存在》等文章,宣传社会主义思想,开展启蒙教育。后来,《少年》将宣传重点从大众启蒙的理论宣传转移到

---

[1] 王永祥、孔繁丰、刘品青:《中国共产党旅欧支部史话》,北京:中国青年出版社,第97页。但误将1923年印为1922年。
[2] 周恩来于1923年3月13日撰写的《我们已立在共产主义的统一旗帜之下》,载《周恩来书信选集》,第54页。
[3]《赵世炎选集》,成都:四川人民出版社,第78页。

旅欧中国共产主义青年团机关刊物《赤光》

传达党的运动方针上，名称也随之改为《赤光》。

负责印刷《赤光》杂志的是一个十九岁个头不高的小伙子，中国人送给他一个"油印博士"的绰号。这位男士名叫邓希贤，又名阚泽高。此前，他一直在距巴黎一小时车程的蒙达尔纪镇上一家橡胶厂工作。阚泽高正是后来中国共产党的中流砥柱邓小平的别名。与周恩来一起经常为《赤光》供稿的还有一位名叫任卓宣的同志，别名叶青，他后来被国民党逮捕，在险遭枪决的紧要关头，被同志们从刑场上解救出来，奇迹般生还，成了一位传奇人物。

就这样，周恩来周围聚集了一大批同志，他们在中国共产主义青年团旅欧支部的思想工作和实践活动上都十分得力。不过，共产党的组织力量越强，遇到的阻力也就越大。当然，这里也有与国民党之间的交锋。但是，孙中山作为国民英雄的威信和影响当时还在，而且国民党的主流还是反军阀、反封建的，所以共产党与国民党之间尚未形成针锋相对的局面，反而像国共两党合作的历史所揭示的那样，其后两党无论在国内还是在巴黎都出现了相向而行逐渐靠拢的趋势。因此，当时共产党的主要对立面，无非是思想和意识形态方面相对立的组织和个人，比如那些无政府主义者和国家主义者。

当时，巴黎的无政府主义组织根深蒂固，他们在华林、李卓等人的领导下成立了"工余社"，否定革命政党的领导性质。^① 这些人发行了名为《工余》的油印杂志，在杂志上发表文章指责俄国革命失策，批判无产阶级专政理论，甚至把共产主义定义为一种宗教。周恩来在他主办的《少年》杂志上发表文章反驳并抨击无政府主义者的上述主张和论调。周恩来当时用自己曾经的笔名"伍豪"撰写了《俄国革命是失败了么？——质工余社三泊君》这篇文章^②，周恩来正告这些无政府主义分子，既然革命需要经过长期的浴血奋战才能成功，那么，对待俄国革命就不能鼠目寸光。无政府主义分子攻击无产阶级专政是滥用权力，周恩来指出：只有当权力没有掌握在民众手中的情况下才应当受到这种谴责。^③

此外，一帮民族主义乃至国家主义思想强烈的人对国民党的政治态度也表示不满，组成了中国青年党，疯狂叫嚣"反共救国"。1923 年 12 月，他们对西方列强在山东省"铁路贷款"所采取的蛮横态度以及中国政府的做法极为愤慨，并且以此为由直接促成他们在巴黎郊外罗斯地区的丰泰讷市举行集会，表决通过了自己的行动纲领，决定发

---

① 本书第 222 页注①侯均初文，载刘焱、米镇波编《周恩来研究文选》，第115 页；杨世钊等：《建党初期旅欧中国共产主义者反对无政府主义的斗争》；刘焱、米镇波编《周恩来研究文选》，第 131 页。
② 伍豪：《俄国革命是失败了么？——质工余社三泊君》，《少年》第六期。
③ 伍豪：《宗教精神与共产主义》，《少年》第二期。

行《先声周报》进行政治宣传。[1] 中国青年党主要由两名
四川籍学生——曾琦和李璜领导，该组织批判国民党缺乏
革命精神，同时也指责共产党向苏联倾斜，主张驱除现有
一切政党以及旧的势力。他们对如同一盘散沙的祖国怀有
狂热的爱国之心，强烈的民族意识是他们的理论依据。所
以对于这些人来说，共产党组织与苏联发生联系以及无产
阶级国际主义是不可容忍的。针对民族主义分子的这些主
张，周恩来在《少年》之后的《赤光》杂志上撰文指出，
目前，资本主义已经发展为国际帝国主义，正在逐步实行
国际资本化。周恩来呼吁，要想把中国从半殖民地的社会
底层解救出来，唯有解决帝国主义的矛盾，即资本家和工
人之间的矛盾。为了达到这个目的，全世界所有被剥削被
压迫的阶级应当联合起来。[2]

　　在中国国内，军阀割据与外国势力的干涉让社会变得
混乱不堪，而在欧洲内部，左右两派势力的对立也在不断
激化。在这种形势下，旅欧华人中的几股政治势力相互对
立、激烈争辩的情况日趋严重。以至于在 1923 年 7 月召
开的旅法华人联席会议上，本来的同志关系竟然恶化到大
打出手的程度。

---

[1] 李璜：《学钝室回忆录》上卷，明报月刊丛书，第 157–158 页。
[2] 伍豪：《革命救国论》,《赤光》第二期。

当时周恩来正在讲话，几个华工组织的人在会场后边议论，一个工人说话的声音很大。于是，旁边的学生上前制止，那个工人认为受到了侮辱，破口大骂，进而争吵起来，演变成几十人参与的群殴，持续了将近半个小时才平息下来，有两名学生被送进医院接受治疗，几把摔坏的椅子散落在会场里。[①]

1924 年 2 月，中国青年党的相关人员、支持共产党的人士等几派聚集在一起召开大会，会上争论激烈，结果又出现了椅子横飞的混乱场面。参加会议的周恩来站出来制止这种斗殴行为，他高声喊道："不许动手！"结果还是有几个人受了伤。[②]其中居然还有人持枪参加这种中国人自己召开的会议，以至于在中国青年党的党员中甚至有人每天到巴黎郊外的凡尔赛射击场练习射击。[③]

然而，斗争不仅是与外部敌对势力的交锋，甚至连人数相对较少的共产党青年团内部，各种不同意见之间也斗争不断。例如 1923 年 2 月在巴黎郊外召开的临时执委会

---

① 许芥昱：《当代最杰出的政治及外交家：周恩来传》，高山林太郎日译，东京：刀江书院，第 47—48 页。
② 李璜：《学钝室回忆录》上卷，明报月刊丛书，第 163 页。
③ 李璜：《学钝室回忆录》上卷，明报月刊丛书，第 165 页。

上，对党组织建设贡献最大的张申府遭到弹劾，赵世炎、周恩来等执委也受到公开指责，这些现象都说明组织内部的团结问题还远远没有得到解决。

事实上，包括核心人物赵世炎以及陈独秀的两个儿子在内的十几人都热衷于投奔莫斯科，开始逐步退出巴黎的有关活动。虽说如此，受"里昂中法大学事件"的影响，在法国建立新的活动据点也绝非简单之事。在这种困难时期有谁能够重整党的组织呢？时代的大潮已经为周恩来的出场做了各种铺垫。

于是，周恩来在 1923 年的夏天离开居住一年有余的柏林，回到巴黎。

那时的法国，因同年 1 月占领德国鲁尔工业区的军事行动并没有收到预期的效果，普恩加莱内阁的根基不断受到威胁。正因为如此，随着左翼势力在法国重新抬头，加之法郎贬值，外国人在巴黎的生活也稍稍松了口气。形势发生了明显的变化。1924 年初，法国爆发了"法郎危机"。数月后的 1924 年 5 月，埃利奥首相领导的社会党上台执政。

第五章　周恩来：时代的骄子

邂逅邓小平

　　距巴黎百余公里的南部地区，有一座风景秀美的小城——蒙达尔纪。运河环绕小城静静地流向罗瓦尔河。除了普拉斯林这个品牌的酒心巧克力，这里几乎没有值得一买的土特产。小城的正中央是一座文艺复兴时期风格的教堂，墙上五光十色的彩绘玻璃非常惹眼。在人们早已熟悉的描绘基督生平的许多画作中，只有一幅常让造访者突然停下脚步：一位来自南蛮的传教士，面对一群身裹简陋和服的村民渔夫，正在耐心说教。作品上画的显然是耶稣会传教士在日本传教的场面。

　　看来，能够把这座偏僻的法国小城与东洋联系到一起的，也只有这座镶有彩绘玻璃窗的教堂了。城北的山丘上有一所学校，从学校右侧穿过，驱车不到十分钟，便可以看到右边的河床和稀稀落落的工厂。其中有一家较新的是橡胶厂，厂房上写着 HUTCHINSON（哈金森橡胶厂）几个大大的字母。这座看上去并不起眼的工厂，正是日后推动世界历史向前发展的几位伟人曾经劳动过的地方，邓小平便是其中的一位。而在山丘上的那所职业学校，也同样

邓小平赴法乘坐的"盎特莱蓬号"邮轮

是在中国历史上留下辉煌足迹的几位伟人曾经学习过的地方，蔡和森便是其中的一位。

邓小平于 1920 年 10 月赴法勤工俭学，而周恩来晚他两个月来到欧洲。当时年仅十六岁的邓小平，在到达巴黎后的第一年里，一边在铁工厂做工，一边在高中学习法语。从 1922 年 2 月开始，邓小平又到蒙达尔纪的工厂断断续续工作了一年半。[①] 邓小平直到晚年也没有忘记年轻时学过的一些手艺，这位父亲的几个娴熟动作，让女儿赞不绝

---

① 寒山碧：《邓小平评传》，伊藤洁日译，东京：中央公论新社，第7—8页。

1921 年 3 月，邓小平（右）和邓绍圣（左）在法国

口。① 于是，几乎在同期留学法国的周恩来和邓小平，邂逅在这片陌生的土地上。从此，共同的命运让他们并肩出现在中国现代史上。

那么，周恩来和邓小平是如何相遇的呢？遗憾的是，人们至今也没有发现任何资料可以见证他们俩初次见面的情景。不过，只要读几本关于邓小平的传记，对邓小平和周恩来因何缘由成为知己，或可略窥一斑。其中便有"里昂中法大学事件"。

如前文所述，尽管周恩来没有出现在"里昂中法大学

---

① 毛毛：《在江西的日子里》，《人民日报》，1984 年 8 月 22 日。

事件"的现场，但在事实上他也参与了这场运动。这一时期，邓小平正在巴黎。如果他积极参加过学生运动，那么，通过"里昂中法大学事件"前后的历次学生运动，他们二人完全有可能成为亲密战友。《邓小平正传》一书在谈及"里昂中法大学事件"时这样写道："包括周恩来、邓小平在内，数百名中国学生举行抗议活动……在里昂街头游行示威。"①诺拉·王在《邓小平在法国期间》这篇文章中，虽然对邓小平是否参加了这场学生游行表示怀疑，但也没有否定。②

　　"里昂中法大学事件"发生以后，周恩来和邓小平都属于未遭遣返的那部分人。从邓小平当时的年龄判断，他在"里昂中法大学事件"中不可能起到明显的作用。不过，也许邓小平以某种形式参与了这场运动的策划，结果让周恩来看在眼里。乍一看，这么推测也不无道理。曾经有过这么一段传闻③，据说在1921年10月双十节庆祝会上，邓小平带着一些共产党员闯进会场，扯下了北洋政府的"国旗"，并且高呼"打倒北洋军阀的走狗！"这件事如果属

---

① ［日］高木桂藏：《邓小平正传》，东京：秀英书房，第18页。
② 参考诺拉·王：《邓小平在法国期间》，中国季刊，1982.12。（Research Note, Nora Wang, "Deng Xiaoping : The Years in France", China Quarterly, Dec. 1982.）
③ 李璜：《学钝室回忆录》上卷，明报月刊丛书，第169—170页。

实，说明邓小平在1921年秋就已经开展过斗争相当激烈的政治活动了。所以，我们很难相信他这个人会对"里昂中法大学事件"漠不关心。

迄今为止，内容最为详细的《邓小平评传》的作者寒山碧，对邓小平参加过里昂学生运动的说法持否定态度。根据是在当时的回忆录以及文献记录里，凡是涉及"里昂中法大学事件"的地方，都没有出现邓小平的名字，他又结合当时邓小平的年龄及其生活状况，作出了邓小平与"里昂中法大学事件"毫无关联的判断。[①]

事实上，目前的确难以找到"里昂中法大学事件"前后周恩来和邓小平密切往来的证据，同样也难以证明他俩毫无关系。几乎在同一时期同住巴黎的二人，在一起从事共产党青年团机关报的编辑工作之前是否见过面，也还没有找到任何确切的线索。

这里令人想起中国共产党的资深领导人、蔡和森的妹妹蔡畅。她在回忆录里谈道："周恩来带领一批学生从巴黎赶赴里昂，准备参加游行活动，但在路上听到一百零四人被捕的消息后，不得不中途返回巴黎。"[②] 如果在"里昂中法大学事件"前后周恩来和邓小平的关系相当密切，蔡和森和他妹

[①] 寒山碧：《邓小平评传》第一卷，香港，东西文化事业有限公司，第63—64页。
[②] 蔡畅：《回忆赴法勤工俭学》；寒山碧：《邓小平理论》第一卷，第64页也有引用。

妹肯定应该知道，而这些回忆录里有关邓小平的事情却只字未提。因此，还是寒山碧推测的结果合乎情理，在当时的情况下，邓小平还没有深入参与学生运动。实际上，王永祥等人在《中国共产党旅欧支部史话》中认为，邓小平是1924年以后开始参与领导旅法中国共产党组织的。[1]

如此说来，促使周恩来和邓小平密切往来的直接机会，应该是共产党青年团机关报《赤光》的编辑工作。《赤光》是在周恩来和任卓宣领导下发行的杂志，任卓宣来自四川，与四川省的学生们联系密切，因为有了这层关系，请同为四川老乡的邓小平协助编辑印刷等工作也很正常。

说到四川籍学生，这里还有个传说——邓小平从中国乘船抵达马赛港的时候，他把同船的九十名四川籍同学按十人一组，编成了九组，行李也按组分开。在他的组织下，大家顺利通关。[2]（有人认为，这件事源于李璜的回忆录，但其中的相关陈述并不准确，比如抵达马赛港的具体日期、中国学生具体人数，以至于邓小平组织大家通关的真实性也值得怀疑。[3]）

蒙达尔纪，让中国革命的两位伟大领袖——周恩来与

---

① 王永祥、孔繁丰、刘品青:《中国共产党旅欧支部史话》，北京：中国青年出版社，第123页。
② 李璜:《学钝室回忆录》上卷，明报月刊丛书，第169页。
③ 见本书第247页注①第52页。

邓小平走到了一起，尽管它所发挥的作用是非常间接的。这座小城也和毛泽东间接有关，因为蔡和森写给毛泽东的那封历史上有名的信，就是从蒙达尔纪寄出去的。蔡和森的这封信让毛泽东强烈意识到成立共产党的必要性。在那封信里，蔡和森向毛泽东提出了如下建议：

"社会主义真为改造现世界对症之方，中国也不能外此"，而"社会主义必要之方法"为"阶级战争——无产阶级专政……""我以为先要组织党——共产党。因为他是革命运动的发起者、宣传者、先锋队、作战部。以中国现在的情形看来，须先组织他，然后工团、合作社，才能发生有力的组织，革命运动、劳动运动，才有神经中枢。"①

当时在湖南省立第一师范学校附属小学任教的毛泽东，在蔡和森这封信的激励下决意着手建党，最先采取的具体行动是在湖南省的几座城市里开办书店，出售马克思主义读物，发动和组织群众。

蒙达尔纪小城对中国现代史产生的影响尽管是间接的，却是如此这般的巨大！那么，究竟是什么原因让这些中国留学生聚集到这里来的呢？据熟悉当地历史的人士

---

① 陈志让（Jerome Tsien）：《毛泽东》，德田教之译，东京：筑摩书房，第71页。

流经蒙达尔纪的运河（上图）与邓小平劳动过的工厂（下图）

蔡和森和向警予

称，20世纪初法国举办奶农国际会议时，偶然有一位来自
中国的留学生在发言时指出，比起牛奶来，豆浆对人的身
体更健康。他的发言引起来自蒙达尔纪的代表的兴趣，会
后他们便邀请那位中国留学生来到蒙达尔纪，以此为契机，
后来又有几名中国人来到蒙达尔纪留学。① 结果，直到第
一次世界大战前夕，蒙达尔纪与默伦、枫丹白露一样，成

---

① 本书作者从法国有关方面搜集的当地资料，引自地方史《蒙达尔纪
的中国人》，（福尔加尼）。〔Notes d'Histoire Locale "Les chinois à
Montargis" (Fergani).〕

为华法教育会输送中国留学生学习法语的主要地区。

蒙达尔纪这座小城，除了在历史上与中国有缘，也特别适合那些具有社会主义思想的青年在这里生活。因为在蒙达尔纪的学校里有位名叫夏波的校长，他是法国社会党党员，经常为中国留学生提供阅读马克思主义著作以及法国共产党机关报《人类》的机会。①

据当年在蒙达尔纪留学的何长工回忆，当时在巴黎已经成立了共产主义青年团，何长工向夏波校长提出申请，希望加入青年团，得到了夏波校长的首肯，校长还握着何长工的手高兴地说，我们法国也有青年团组织，你也可以参加我们的组织。②

就这样，早在20世纪初蒙达尔纪就已经与中国结下了不解之缘，正是由于在这个小城里有像夏波校长这样支持和同情中国留学生的法国知识分子。这座美丽的小城不仅流传着邓小平的佳话，而且还是中国共产党的干部们上演了许多历史故事的舞台。

那位与毛泽东保持书信往来的中国共产党的先驱者蔡和森，与同为共产主义者的向警予，在"枝繁叶茂的白杨

---

① 唐铎:《回忆五四时期的留法勤工俭学运动》,载《五四运动回忆录》(续),第479页。

② 何长工:《留法勤工俭学回忆》,载《邓小平资料选辑》,香港:新中图书公司,第4页。

树下，手持深红色石竹花举行婚礼"①的地方，也是这座美丽的小城——蒙达尔纪。

此外，1930 年代犯过"错误"，后来依然参加新中国建设，最终死于"文革"的悲剧人物李立三，来到法国后不久便创作了许多寄托青春梦想与革命浪漫主义的新体诗。②诗中那些描述江河湖泊的华丽辞藻和丰富的想象，说不定正是得益于流经蒙达尔纪以及法国中部的那条运河，还有在大自然中静静流淌的溪水。

若干年以后，在寄托着革命理想并且与李莎夫人相爱的莫斯科，李立三被苏联共产党投入了监狱。在"文革"的暴风骤雨中心身疲惫的李立三最终走上了自杀的不归之路。然而在李立三年轻时创作的那些明快鲜活的诗歌中，人们丝毫没有预感到他后来的多舛命运。今天，来到这座宁静小城的人们恐怕不会相信，这里曾经与波澜壮阔的中国革命有过难以割舍的联系。

---

① 王永祥、孔繁丰、刘品青：《中国共产党旅欧支部史话》，北京：中国青年出版社，第 81 页。
② 已引用，唐纯良：《李立三传》，中村三登志日译，东京：论创社，第 26—27 页。

个人主义与民族主义

如果将法国的蒙达尔纪比喻为中国革命藏龙卧虎的小舞台，那么，对于周恩来来说，法国乃至整个欧洲则是他锻炼成长为无产阶级革命家的大舞台。

周恩来在留学法国前就已经接触到社会主义思潮，并且积累了开展学生运动和政治活动的经验。而在某种意义上，法国的留学之路也可以说是周恩来经历的又一场政治运动。此外，周恩来的留学动机也源于他投身社会变革的决心以及为此而求学的愿望。然而动机归动机，周恩来毕竟还是一个二十来岁易于感情用事的青年。为马克思主义和共产主义事业献身，或者为自己的政治信仰不怕牺牲的决心，应该是他在欧洲经过数年的学习、考察和体验之后牢固地树立起来的。

换个角度来说，让周恩来达到彻底投身于革命事业的境界，需要逾越几道思想障碍，其中之一便是克服个人主义，说得通俗一些，就是必须打消所谓出人头地升官发财的念头。

周恩来在留法前已经注意到封建残余给中国社会造成

的腐败与矛盾，他早已放弃了那种对社会睁一只眼闭一只眼，只图个人荣华富贵的想法。生于传统家庭，在清贫的生活中走上知识分子之路的周恩来，假如在游离于本人思想意识之外的潜意识里，尚存一丝传统的仕途观念，而这微乎其微的余火，恐怕也早已被他在欧洲留学的成果驱散得一干二净。

面对欧洲文明的汪洋大海，故乡中国这艘巨轮无论承载了多么辉煌的历史，如今也已经开始腐朽，渐渐倾斜。当这艘巨轮濒于沉没之时，无论追求到何等的富贵与荣耀，还有什么意义呢！不仅如此，还有更重要的一点，从赴欧勤工俭学的中国留学生的实际生活来看，贫穷的中国学生果真可以凭着半工半读的生活获得社会地位吗？为了挣到几个法郎，他们每天不得不在工厂里从事繁重的体力劳动，这样还能够完成令人满意的学业吗？这些中国留学生实际上已经沦为临时雇用的外国劳工，地位低下，工资微薄，忍受周围人的白眼，这些遭遇刺痛了他们的心。在资本主义社会里，真的可以做到一边工作一边学习吗？这一连串的疑问常常萦绕在许多中国留学生的心头。

"法国的工厂生活，处于资本主义制度的底层，不容工

1923 年 5 月，周恩来（前排左一）在法国

人学员有发展的余地。"①中国人民解放军元老、曾任外交部长的陈毅如是说。尤其是"里昂中法大学事件"，成为很多留学生思想转变的重要契机，它让留学生们切身感受到自己的未来命运与社会制度本身的矛盾密切相连。

再者，横卧在欧洲与故乡中国之间的巨大差距，正在以排山倒海之势，朝着这群目睹了欧洲雄厚的工业实力与先进技术的中国青年步步紧逼。在欧洲勤于学业，回国后精于商业，在自我积累财富的过程中为社会作出贡献，重振中国经济之雄风，这就是青年理想中的所谓"实业救国"之路。然而，这些身居海外的莘莘学子通过自己的冷静观察终于发现，原本就是造成中国政治混乱的祸根之一的西欧及日本，正在以其帝国主义的本性，大肆抢占中国市场。他们越看越觉得"实业救国"这条道路的基础薄弱，而且在现实中此路不通。回到军阀统治和外国资本控制的中国，仅凭个人的精力和能力，无论怎么奋斗也不能解决中国社会本身存在的尖锐矛盾。既然如此，勤工俭学又有何用？学生们这种日渐加重的焦虑心情完全可以理解。

另一方面，这些留学生即便意识到了个人前途的坎坷不平，但当他们走上革命道路时还有一个必须克服的障碍，

---

① 陈毅：《我两年来旅法勤工俭学的实感》，《晨报》，1921年8月17—19日，载王永祥、孔繁丰、刘品青：《中国共产党旅欧支部史话》，北京：中国青年出版社。

那就是民族主义或曰国家主义。

　　如果说周恩来的个人主义思想早在天津的学生时代就已经克服，那么，他又是如何摈弃狭隘的民族主义或者国家主义，成长为信仰社会主义的政治家的呢？这个问题比较复杂。需要强调的是，背井离乡，在外国生活得越是长久，自己的祖国越是被人伤害、被人侮辱，留学生们的爱国之心和民族意识也就越发强烈，也更容易受到潜在的国家主义政治思潮的感染。

　　我们的座位不是三楼就是四楼，总之是最高一层。可是现在已经座无虚席，还有很多没座位的听众站在后面，眼前满是他们的背影，即便踮起脚尖，也看不到前方远处的舞台是什么光景。好不容易来到这里，没想到却是这个样子，也许直到散场，我们也不知道三浦环姑娘是什么时候上台的。正当我们无聊地站在那些人背后互相抱怨时，耳边却意外传来悠扬的日本歌声："樱花啊！樱花啊！暮春三月晴空下……"顿时，我们激动得热泪盈眶，不，眼角已经噙满泪花。"伫立在繁华的伦敦街头，怀念起家乡猫头鹰的啼鸣"，写完这首和歌的我，正灰溜溜地游走在欧洲大国之间，时常怀念自己的祖国——那个让我不得不承认文化远远落后、经济一贫如洗的日本。此时此刻，一位年轻的日本姑娘正站在大英帝国的首都中央，面对几万名听众，放声歌唱祖国的古老民谣。当那美妙的歌声拨动我心弦的那个瞬间，我欣喜若狂，几乎掉下眼泪。那种心情你们能够想象到吧！"[1]

这段让人唏嘘不已的描写，并非出自日本的音乐家或者艺术家，而是日本研究马克思主义的开山鼻祖河上肇的手笔，他的著作对周恩来也产生过间接影响。当年，他如实记录了自己为了一睹三浦环的风采，煞费苦心，终于搞到一张廉价的入场券，来到伦敦皇家阿尔伯特音乐厅。像河上肇那样，当日本的知识分子将自己置身于欧洲文明中心之时，一股强烈的民族意识总是油然而生，这已然是明治维新以来的传统。

就连对国家权力嗤之以鼻的夏目漱石，在他客居伦敦期间的日记里也常常流露出爱国之情。

为什么呢？因为战前的日本，自我解放、个性解放乃至社会开放和开明的程度，尚处于低级状态，来自那个时代的日本游子在充满自由与个性解放的巴黎、伦敦，主动感受自我觉醒和解放的滋味。他们在觉醒的过程中不自觉地接受文明开化浪潮的洗礼，不免会用同样的眼光去审视祖国的政治发展和不断觉醒的脚步。

---

[1] ［日］河上肇：《自叙传》，东京：世界评论社，第165—166页。

如果周恩来也能够以这种眼光看待西洋文明所触发的自我解放的过程，中国觉醒和解放的过程，那就说明狭隘的民族主义和国家主义思想已经完全植入他的内心，而且根深蒂固。

但是，周恩来在旅欧期间，他的祖国正处于政治混乱的旋涡之中，不像明治维新后的日本，在强有力的国家统一政权领导下朝着一个共同而稳定的方向突飞猛进。而且，周恩来目睹的欧洲，适逢第一次世界大战后的混乱和"美好年代"的终结。折射在外国留学生眼里的现状，与其说是欧洲社会释放出的自我觉醒与个性解放的信号，不如说是被他们视为存在各种社会和政治问题的西欧社会自身的矛盾和苦衷。

从这种涉及社会和政治的观点出发，遥望远在东方的祖国，留学生们渐渐地、渐渐地发现，一般意义上的民族主义改革是不彻底的。在当时中国的那种形势下，立足于民族主义的政治改革意味着打破封建制度和传统习俗，从而培育起本国的民族资本。这种思路的产生本身当然不是坏事，但是问题来了，从历史发展的角度看，中国社会所需要的改革恐怕远远不止这些。

周恩来初到欧洲时，为摸清在英国读大学的可能性而赴伦敦，在那里停留一个多月。后来他又去过几次，为天津天主教会办的《益世报》撰写旅欧通信。在英国停留期间，周恩来有机会考察英国的工人运动，特别是工人的罢工运动。1921年春天历时两个多月的罢工运动，令周恩来目睹了与中国封建剥削有所不同的、残酷的资本主义剥削方式。在现代化国家英国，工人运动的斗争对象不是封建势力，看懂现代资本主义剥削方式的周恩来，第一次认识到阶级斗争与工人运动的历史意义。周恩来目睹了工人阶级开展的政治斗争有多么激烈，逐渐体会到阶级斗争的重要性不亚于民族主义斗争。

换句话说，周恩来几乎是在来到欧洲之后，才体会到了工人阶级开展政治斗争的巨大威力。最好的证明是，用来赞扬工人的几个外语单词，如精神，胆量，勇气……周恩来脱口而出。① 虽然中国当时也出现了工人闹罢工的情况，但还不是外国那种全国性工人运动，其政治影响与英国的工运不可同日而语。如果只是居住在中国国内，很容易把大众的贫困归结为外国殖民主义的统治或者中国传统的封建制度。但是，置身于资本主义制度最发达的英国，对激烈的阶级斗争的实际考察越是深入，越是让周恩来清醒地认识到，反对殖民地主义的斗争并非民族主义性质的革命，而是带有阶级斗争性质的一场革命运动。

而且最重要的一点是，俄国革命给当时的欧洲带来的

---

① 周恩来:《英国矿工罢工风潮之再志》,《益世报》, 1921 年 6 月 24 日。

1923年9月，周恩来（右二）在柏林

冲击是巨大的。正因为这一点，来自外国的穷学生把玫瑰色的人生未来寄托于社会主义革命则不难理解。而一向具有现实主义风格的周恩来，最初并没有为"以迅雷不及掩耳之势"取得胜利的俄国革命拍手叫好。然而，英、法等国以及位于东方一隅的那个貌似庞大的帝国，都被社会主义革命吓得瑟瑟发抖，而且各自的社会中又隐藏着许多的矛盾与弱点。对此，周恩来洞若观火，面对国际上反对帝国主义的斗争形势，不断加深自己的与从前不同的想法。自从周恩来踏上欧洲土地后，他才开始看到欧洲帝国主义的实情和与之相反的思想，并且逐渐有了深刻的认识。

当时，帝国主义几乎统治了大半个世界，表面上十分强大。我们能否战胜它？如何战胜它？这才是我们必须要面对和认真思考的严重问题，更何况，这个问题还影响着人们思想转变的方向。周恩来也不例外。[①]

思想转变——首先是个人思想的拓宽与深化。事实上，周恩来身处第一次世界大战后的西欧，既可以看到整个世界，也可以洞察历史发展的趋势。他敏锐地认识到"大英

[①] 王永祥、孔繁丰、刘品青:《中国共产党旅欧支部史话》，北京：中国青年出版社，第76页。

帝国的危机，外患大于内忧"，① 正是因为他从历史发展趋势和国际形势中认识到，政治运动正在不断向爱尔兰、埃及、印度以及世界各国蔓延，而周恩来的旅欧经历对他这种认知的形成发挥了重要作用。

周恩来具备了认清国际形势的一双慧眼和把握历史发展趋势的洞察能力，其潜在原因是他本身具有非同一般的现实主义乃至实用主义性格。沉迷于梦想的人总是试图将现实附加到自己的梦里，所以，他们对现实世界的观察往往不够冷静。而周恩来胸怀革命理想却并不沉迷于其中，也正是因为如此，他才得以在跌宕起伏的中国革命的历史中从容不迫，贡献了自己的毕生精力。

但是，周恩来目睹的欧洲社会主义运动现实与国家之间错综复杂的利害关系，肯定有利于他进一步升华自己的现实主义精神。比如列宁提出的著名的"向社会主义过渡的经济政策"，即新经济政策问题，周恩来在写给家乡的"通讯"以及为《少年》杂志撰写的评论中都为这个政策辩护过。表面上是为了反驳那些妄图给俄国革命贴上失败标签的无政府主义者，而其背后的具体缘由是，周恩来的政治理论及思想体系也不同于标榜自身具有绝对价值的宗教信仰，更多的是周恩来从欧洲历史和现实中慢慢学到的

---

① 周恩来：《英帝国会议之内幕》，《益世报》，1921年9月6日。

极具战略性的思维方式。例如，他对苏联与法国的接触做过如下分析：

> 最近传闻赤俄与法政府有所联络，如果属实，想必又是列宁的一种策略。列宁真可爱！他是无孔不钻，只要于共产主义将来的发展有利，一切全可牺牲，一切舆论全都不顾。①

这不单指俄国与西欧国家的关系，即便在西欧各国之间，那些主义和主张一旦与战略上的考量和形势发生冲突，也将随之变通，在风云变幻的国际形势中，也将根据实际需要作出不同的解释。这种以战略眼光灵活运用思想及价值观的现象，也没有逃过周恩来的敏锐目光。围绕《凡尔赛和约》中一度达成共识的德国赔偿问题，没过几年，英法两国之间又发生了激烈争吵，这种场面周恩来看得津津有味。②

> 我们虽是中国人，我们的眼光终须放到全世界上来。

---

① 伍豪：《西欧的"赤"况》，《新民意报》（天津），1923 年 4 月 25 日；张象：《周恩来同志在旅欧期间对国际问题的研究》一文中部分引用。又见于《周恩来研究文选》第 173 页等。
② 周恩来：《伦敦会议再开幕之经过》，《益世报》，1921 年 6 月 27 日。

我们不必想取捷径，也不必畏难苟安，全世界无产阶级为创造新社会所共负的艰难责任，我们也应当分担起来。①

　　周恩来的这番话在今天看来理所应当，但是，在那个能否建立共产党组织还不能确定的历史时期，而且是俄国革命后发展趋势也还不够明朗的年代，一位刚刚二十出头的外国留学生却能一语道明，其见识决不可小觑。

　　学者张象在他撰写的《周恩来同志在旅欧期间对国际问题的研究》中指出："周恩来同志通过考察国际工人运动，深刻认识到无产阶级国际主义的重要性。"② 因此，我们必须明白，周恩来的旅欧经历不单是让他具备了能够与外国人沟通自如的国际素质，还让他进一步拥有了深层次的国际素质，即让他懂得了放眼世界和国际主义援助，对于一个国家的社会改革和政治改革来说是何等重要。

---

① 伍豪：《共产主义与中国》，《少年》第二期。
② 张象：《周恩来同志在旅欧期间对国际问题的研究》，载《周恩来研究文选》，第177页。

"欧洲先生"

　　一个人如果只是超越了个人主义、狭隘的民族主义和国家主义，还不足以说明他已经走上了革命道路。革命家既是领袖，又是身体力行的政治家，还必须具备强烈的使命感与燃烧的激情。周恩来当初决定留学欧洲时就已经怀有强烈的使命感和满腔的热情，甚至可以说，周恩来正是在这种使命感与热情的驱使下来到法国的。而周恩来原本不过是天津的学生运动领袖，当他踏上欧洲大地，开始领导这片土地上的所有中国人——包括工人以及其他各种出身的勤工俭学学生时，作为"领导人"的自觉性有了进一步的提高。"寻常战争，不能无先锋；阶级战争又怎能缺了先锋？"① 在周恩来主编的《少年》杂志上发表了这样的言论，这意味着他内心的那种身为领袖的使命感也在增强。

　　周恩来的使命感随着他在旅法中国留学生中的声望的提高而不断增强，而战友们的相继牺牲更加激发了他的强烈使命感。一位名叫"念强"的勤工俭学留学生与周恩来

---

① 《今日共产党之真谛何在》，《少年》第二期。

同为南开学校的学生，1921年6月在巴黎的宿舍里做饭时被酒精烧死了①，觉悟社的社友黄爱在长沙领导罢工时惨遭军阀杀害，这都给他内心带来不小的打击。耳闻目睹这些志同道合的青年流血牺牲，更加坚定了周恩来走向革命道路的决心。特别是在身处异乡独自生活的心理压力下，他的心总是处于高度紧张的状态。

　　生死的路，

　　已放在各人前边，

　　飞向光明，

　　尽由着你！②

　　周恩来在题为"生死离别"的诗中抒发了自己对超越生死的感悟。

　　这种感悟也可以说成是身为领袖的觉悟，即便是周恩来这样的伟人，也不是仅凭自学就可以培养出来的。李富春、聂荣臻曾在法共机关报主办的夜校里学习，并在那里与法国共产党党员及法国工人交流知识与经验，这些活动

---

① 参考王永祥、孔繁丰、刘品青：《中国共产党旅欧支部史话》第78页的注（3）。

②《周恩来书信选集》，北京：中央文献出版社，第48页。

1924 年 7 月，周恩来（第三排右四）和国民党驻法总支部成员合影

都有助于培养并提高他们的思想意识和阶级觉悟①，周恩来也是如此。他与许多法国人士相互交流，一起参加运动，积累了丰富的经验，这些经验对于他自觉发挥共产党员的先锋作用以及思想觉悟的提高都是不可或缺的。从这个意义来看，欧洲对于周恩来来说的确是一位非常难得的"先生"。

这里有一个与这位"欧洲先生"相关的问题必须提出来。通常，人们对于为师者都怀有尊敬或仰慕之情，但也会产生抵触情绪和逆反心理。周恩来等一大批心怀社会主义思想的中国青年，他们越是学习西欧先进的革命思想，对侵略中国的西方殖民主义及其背后的无知与自私就越发抵触。那么，他们对"欧洲先生"的抵触情绪究竟是以什么形式发泄出来的呢？如果没有明显的发泄，那又是因为什么呢？

例如明治时期留学德国的森鸥外，他对"欧洲先生"的抵触情绪经常表现为他对基督教传教士的说教敢怒不敢言。游学法国的永井荷风却有另一种发泄方式，一次，他在巴黎地铁售票处要买一张去蒙马尔特的车票，售票员告诉他没有蒙马尔特这一站，要他在克里西站下车，这让他

---

① 王永祥、孔繁丰、刘品青：《中国共产党旅欧支部史话》，北京：中国青年出版社，第 110 页。

大为恼火："这点常识我还是知道的，不要小瞧人！"

　　贞吉没办法，只好再次走进地铁里，临到买票时却突然想不起要去的那个地名了，他便信口说出了蒙马尔特。卖票的从检票口看了看他，便知是外国人，就对他说，蒙马尔特没有站，要在克里西或者下一站下车，还要在伊特莱尔换乘。因为后面排队的人很多，那个卖票的语速很快，但不失亲切地告诉他，结果一下子惹恼了贞吉，仿佛完全按照那个家伙教的去做是自己的耻辱，可他又一时想不出蒙马尔特以外的目的地。于是他越想越生气，最终只好在伊特莱尔站换乘。开往外环布尔法尔的车上没什么正经人，不是穷酸的公务员就是小店员。[①]

　　类似的抵触针对的是这位"欧洲先生"道貌岸然的说教。说是抵触，其实也只不过是程度最轻的那种，但是，如果反过来说，这些来自东方的游子平时总是把自己对西方的抵触憋在心里，就终归会在某个瞬间突然爆发。

　　不可思议的是，周恩来、邓小平、李立三、赵世炎等后来成为中国共产党干部的这些人，从他们的回忆录或者事迹里，却几乎看不出他们对西欧国家怀有抵触情绪。这

---

① [日] 永井荷风：《法兰西物语》，东京：新潮社，第 139 页。

是为什么呢？

答案之一是，当时还带有社会主义性质的国际共产主义思潮、口蜜腹剑的帝国主义论调，正在欧洲广泛传播。把对中国的侵略行为和西欧国家的殖民主义视为帝国主义的毒害，单纯凭借民族主义的富国强兵政策，则不足以对抗帝国主义，只能依靠国际合作开展阶级斗争，这些主张越是深入人心，源自民族大义或者国家主义观点的反西方思想越是站不住脚，抵触情绪势必烟消云散。

从另一个角度来看，对于当时年轻的共产主义者来说，西方是局限于某种意义上的"先生"和"同志"，也是认清帝国主义的反面教员。于是，他们在心理上对西方这位老师的抵触已经被这位反面教员的作用抵消了。

事实上，周恩来所在的那个年代的欧洲，从工团主义、基尔特社会主义、无政府主义到国家主义，诸多的思想潮流在这里汇聚成一个旋涡，从这个角度来看，西方也是共产主义不可缺席的反面教员。

回国

周恩来将活动重心从学生运动转移到组织建设上来，恰好在这个时候，中国国内的政治形势也正在发生微妙的变化。

1921年至1922年期间，工人参与的政治运动高潮迭起。1923年2月汉口一带发生"二·七惨案"之后，工人运动势头减弱，像潮水一样退去。"二·七惨案"指的是京汉铁路工人为建立工会组织而发起的一场声势浩大的罢工运动，最后遭到军队镇压，死伤二百多人。从此，大开杀戒的军阀开始大肆镇压工人运动，有许多积极分子被迫转入地下活动。

当时，农民运动也在面临同样的困难局面，大规模组织农民的难度相当大。浙江省农民协会被誉为农民协会的创始者，官僚地主出身的沈玄庐动员和领导农民建立起农协组织，但是，抗租运动刚一开场，农民们便一哄而散。广东、湖南等地的农民运动在短时间内发展到十万人的规

1924 年 7 月，周恩来（前排中）奉命回国前和国民党驻法总支部成员合影

模，但也很快在与地方军阀的对峙中遭受挫折。[1]

在这种情况下，共产党的组织建设也举步维艰。据 1924 年 5 月统计，在当时工人集中的上海地区，党员数量包括从事中央工作的党员在内，不过区区四十七名而已。[2] 需要改变战术了！党的建设不仅要依靠工人和农民，还要

① ［日］姬田光义等：《中国近现代史》（上），东京：东京大学出版会，第 286—287 页。

② 唐纯良：《李立三传》，中村三登志日译，东京：论创社，第 79 页。

团结民族资产阶级——新的战术正在浮出水面！

1922 年春天以后，一直领导广东联合政府的孙中山，与其支持者之间的关系也发生了变化。

孙中山与支持国民党的广东军阀陈炯明之间，围绕北伐方针发生了意见冲突。结果，孙中山被迫离开广东，流亡上海。在上海，孙中山接触到共产主义人士李大钊和陈独秀，随后着手改组国民党。

时逢国际上出现新的潮流。1922 年 11 月共产国际第四次代表大会上，列宁明确呼吁共产党要与民族政党联合起来，并且采取各种形式说服中国国民党与共产党联手合作。当初国民党对苏联共产党持消极态度，但在国内形势严峻的背景下，不得不迈出所谓"联苏容共"这一步。1923 年末，苏联共产党派鲍罗廷前往广州担任国民党政治顾问，向国民党提供物资援助，指导国民党筹建革命军。在黄埔创办陆军士官学校便是其中的重要一环。

国内形势的发展情况迅速传到遥远的法国。1922 年 8 月，因参加"里昂中法大学事件"被遣返回国的国民党左派活动家王京岐，在事件平息后又悄悄回到法国，与周恩来会谈，主要目的是促成国共合作。1923 年 3 月，国民党相关人士还出席了共产主义青年团会议，提出青年团团员加入国民党的问题。双方在当年 6 月商定，共产主义青年团团员可以以个人名义加入国民党。于是，周恩来等数人率先加入了国民党。11 月，国民党欧洲支部成立大会在里昂召开，周恩来代表共产主义青年团发表讲话。1924 年 1 月底，国民党召开第一次代表大会，正式宣告国共两党结成统一战线。①

　　这么一来，周恩来在欧洲筹建党组织的任务虽然与当初的计划相去甚远，却也打下了比较稳固的基础，基本完成了共产党的组织工作，与其他政治团体的矛盾也通过国共合作得到缓解。周恩来在各方面的工作"暂告一段落"后心情舒畅，思想有所放松，这也是人之常情。再说，故乡中国的形势发展到现在，正是迫切需要周恩来这样年富力强、经验丰富的领袖人物的时候。

　　当年，在怒涛汹涌的时代潮流推动下，周恩来乘风破浪，远渡欧洲。如今，不断高涨的浪潮将要把他带回中国。在国共合作的旗帜下，曾经的战友，当年的同志，一个个都承担起时代的重任。赵世炎出任国民党北京地区委员会书记，陈延年出任广东地区委员会书记，蔡和森就任宣传部部长。

　　党，还有中国，需要周恩来的时刻到了！

　　1924 年的四五月间，周恩来收到张申府的一封来信。

_____

① 侯均初：《周恩来同志与中共旅欧支部》，载《周恩来研究文选》，第 177 —118 页。

张申府是与周恩来一起在法国开展活动的伙伴，也是周恩来正式加入中国共产党的领路人。张申府在信中写道，自己正在努力创办黄埔军官学校，按照筹办工作核心人物廖仲恺的部署，他已经推荐周恩来为学校的领导成员，[1] 回国经费由廖仲恺负责。[2] 于是，周恩来同意回国后即赴广州。周恩来内心激动，因为祖国突然出现在自己眼前。

6 月的一天，聂荣臻从柏林来到周恩来在巴黎的住所，周恩来非常兴奋，取出红酒和他举杯共饮，谈笑风生，竟然"有些醉意"。几十年后，聂荣臻回忆起当时的情景，十分怀念。[3]

此刻，周恩来就要离开法国了。

他的眼前是连接不断的绿水。这水只是不停地向前面流去，它会把他载到一个未知的大城市去。在那里新的一切正在生长。那里有一个新的运动，有广大的群众，还有他的几个通过信而未见面的热情的年轻朋友。[4]

---

①《张申府访谈录》之《留法前后我同周恩来同志的一些接触和交往》，载《怀念周恩来》，北京：人民出版社，第 236 页。
②《张申府访谈录》之《留法前后我同周恩来同志的一些接触和交往》，载《怀念周恩来》，北京：人民出版社，第 236 页。
③ 聂荣臻：《学习恩来的优秀品德，继承他的遗愿》，载《不尽的思念》，第 11 页。
④ 巴金：《家》（下），饭塚朗日译，东京：岩波书店，第 190 页。

这是巴金的《家》里的主人公高觉慧，在抛弃了他朝夕相处十八年的家，开始新的生活时吐露的心声。

其实在准备离开法国时，周恩来心中并没有高觉慧那般挥之不去的感伤，但他拥有与觉慧一样的年轻人特有的渴望和热情，还有决心。在某种意义上，周恩来即将回归的是他心中的"家"。此刻的周恩来因为喝了几杯葡萄酒有了几分醉意，按捺不住内心的激动。这不仅是出于年轻人的热情，更是他对故乡的热恋。只是那个"故乡"还不是让人们可以安居乐业、心平气和的"故乡"。那里还没有为劳苦大众和清贫的知识分子营造"幸福的家庭"的条件，混乱和失望仍然左右着人们的命运。

"啪"！

他腰骨笔直了，因为他根据经验，知道这一声"啪"是主妇的手掌打在他们的三岁的女儿的头上的声音。

"在幸福的家庭，……"他听到孩子的呜咽了，但还是腰骨笔直的想，"孩子是生得迟的，生得迟，或者不如没有，两个人干干净净。——或者不如住在客店里，什么都包给他们，一个人干干……"他听得呜咽声高了起来，也就站了起来，钻过门幕，想着，"马克思在儿女的啼哭声中还会做《资本论》，所以他是伟人，……"走出外间，开了风门，闻得一阵煤油气。孩子就躺倒在门的右边，脸

1924年11月，周恩来任黄埔军校政治部
主任时期

向着地，一见他，便"哇"的哭出来了。[①]

　　是啊，正是因为如此，时代在呼唤周恩来，周恩来正
是这个时代的骄子！

　　1924年7月，一个阳光灿烂的夏日，周恩来离开了巴黎。

　　从此，周恩来在他波澜壮阔的有生之年，再也没有踏
上巴黎这片土地……

----

① 鲁迅：《幸福的家庭》，《鲁迅文集》（1），竹内好日译，东京：筑摩书房，
　第253页。

尾声

1992 年春，时隔多年再访巴黎。一个阳光懒散的下午，我去了戈德弗鲁瓦街 17 号。

眼前玻璃墙面十分晃眼的写字楼，看起来像一家海外旅行代理店，而那个曾经的小旅馆却不见了。

我围着玻璃墙转来转去，怎么也找不到入口。隔着玻璃往里看，里边不像是办公室，似乎是个大厅。我又转了一圈，还是在这条街上，附近有一座小楼，灰白色的，高矮和戈德弗鲁瓦旅馆差不多，也是三层。无论是整体结构还是墙面斑驳的程度，与戈德弗鲁瓦旅馆非常相似。瞬间，我甚至错以为这就是我曾经见到的那个小旅馆。

我后退几步，站到人行道上。这时，有个人从灰白色小楼的窗户里探出头来。这个人看上去像东方妇女，她冲

阿尔琪雅饭店

我大声喊道："这栋楼不是戈德弗鲁瓦旅馆，那栋新楼才是旅馆的原址，旅馆已经拆掉啦！你看，那栋楼的墙上写着哪！"

经她这么一喊，我伸长脖子朝墙的上方看去，果然看见了那幅令我怀念的青年周恩来的浮雕头像。

"这座写字楼的正门在哪儿？"我问那位女士。

"这不是写字楼，是饭店！入口就在那条街上。"她说。

我顺着她指的方向又转了一圈，来到邦圣·奥里沃鲁大街。现在知道了，我刚才以为是写字楼的那个位置，原来是饭店的一角。

阿尔琪雅饭店的档次不高不低，共有七层，大约七十个房间，让人感觉是个管理有方的商务型酒店。走在光线充足的大厅里，我想起了自己最后一次看到周恩来总理住过的戈德弗鲁瓦旅馆。

那时候，戈德弗鲁瓦旅馆的改建工程已经启动，楼的东半边只剩下残垣断壁并且竖起了吊车，许多房间都已经拆得没了模样。但是，周恩来就寝的二楼16号房间还没拆。我想把它最后的样子照下来，便找到了传达室。只见从里面出来一个人，不知道是施工的，还是饭店的。他对我说，这栋楼已经禁止入内了，很危险。我塞给他一百法郎小费，对他说，我拍张照片就走。于是，这个人磨磨唧唧地总算带我去了。

登上木头楼梯，破旧的木板吱吱作响，来到楼梯之间的平台上，面前就是门上涂有黑色油漆的16号房间。我求他放我进去，他说，里面堆满了杂物，已经进不去人了，关键是不知道钥匙在哪儿。

没办法，只能到这儿了。我站在平台上看了看四周，16号房间右边的那堵墙下有个齐腰高的盥洗台，黑黢黢的金属盆，还有远远超出正常高度的水龙头，似乎是那个年代的古董。

"这个盥洗台算是楼里最老的物件了，说是第一次世界大战以前就有。"那人瞅着台面，不耐烦地说了句。

"第一次世界大战之前……"他的话让我肃然起敬，

我不由自主地凑过去仔细端详起来，原来这儿就是周恩来当年洗脸洗手的地方。

我觉得自来水已经停了，可还是忍不住拧了一下水龙头，不料一股细流从水管里淌了出来，像一条直线。冰冷的自来水浇到手上的瞬间，我觉得周恩来近在咫尺，就站在自己的眼前。

我从梦境般的回忆中醒过来，又把大厅环视一遍，走出饭店。巴黎的天空已然暮色沉沉，HOTEL·ALTEA 的霓虹灯惨白惨白的，在微微泛蓝的晴空衬托下格外醒目。

我重新背着手，仰起头，借着夜幕降临前灰白的浮光，仰望周总理的浮雕头像——这是法国电影演员让·保罗·贝尔蒙多的父亲、著名雕刻家保罗·贝尔蒙多的作品，青年周恩来的目光还是那么炯炯有神，仿佛在凝视巴黎的大街小巷。

不知为什么，当时的我忽然想起了周恩来的遗嘱。

据说，生为革命而生、死为革命而死的周恩来，在遗嘱里希望把自己的骨灰撒在祖国的大地上。而眼下，周恩来客居巴黎时曾经住过的戈德弗鲁瓦旅馆，已经永远消失在人们的视线里。或许，它的消失还在告诫人们：革命的历史从不相信脆弱的眼泪，从不允许所谓"情感教育"的存在，历史的车轮正在伟大无产阶级革命家的精神指引下滚滚向前！